Näh mit!

Das Ideenbuch

Ina Andresen

Inhalt

Vorwort   6

Nähen Schritt für Schritt   8

Rechte und linke Stoffseite   8
Rechts auf rechts   8
Fadenlauf   8
Schnittmuster   9
Schnittmuster abpausen   9
Schnittmuster auf den
Stoff übertragen   9
Bügeln   10
Nahtzugabe   10
Stoffteile zuschneiden   11
Stoffbruch   11
Stoffe zusammenstecken   11
Kanten umbügeln   12
Stichlänge einstellen   12
Nähen mit geradem Stich   12
Rückwärts nähen   13
Jersey nähen   14
Ecken nähen   14
Rundungen nähen   14
Füßchenbreit nähen   15
Knappkantig nähen   15
Versäubern mit dem
Zickzackstich   15
Ecken und Rundungen
zurückschneiden   16
Wendeöffnung schließen   16
Überwendlingsstich   17
Matratzenstich   17
Vorstich   17
Bänder und Klettverschlüsse
aufnähen   18
Mit Watte füllen   18
Knöpfe annähen   19

Check dein Nähwissen   20

Schlüsselband 24

Filzkörbchen 28

Turnbeutel 32

Elchi, der Kantenhocker 38

Filzpantoffeln 42

Glücksschweinchen 58

Patchwork-Herz 46

Lavendel-Teebeutel 62

Donut-Kissen 50

Mäppchen mit Reißverschluss 54

Fußkissen mit Schlupflöchern 66

Tischset 70

Fred Faultier 84

Stern-Girlande 74

Sitzsack
für Bücher
88

Taschen-
wärmer
78

Wickelschal 81

Topflappen 92

4

Wärmflaschenbezug 96

Oster-
hühnchen 114

Überraschungshase 101

Karotten-
Täschchen 118

Jersey-
Haarband 106

Utensilo
für die Bett-
kante 122

Die Autorin 128

Impressum 128

Rundes
Täschchen 110

KINDERLEICHT NÄHEN

Nähen macht Spaß! Aus schönen Stoffen, Bändern und Knöpfen kannst du einzigartige Dinge für dich, deine Freunde oder deine Familie nähen. Einen coolen Wickelschal mit Kordel, ein praktisches Schlampermäppchen, gemütliche Filzpantoffeln oder ein dekoratives Utensilo für an die Bettkante – lass dich inspirieren! Mit ein wenig Übung bekommst du alle Modelle hin, selbst wenn du noch nie an einer Nähmaschine genäht hast. Du brauchst dazu nur ein paar Grundtechniken des Nähens. Die findest du im Kapitel „Nähen Schritt für Schritt". Vielleicht hast du aber auch bei „Näh mit! Die Kindernähschule" das Nähen gelernt und den Nähmaschinenführerschein gemacht. Teste einfach dein Nähwissen auf Seite 20–23 und erfahre, mit welchen Modellen du loslegen kannst.
Die Fotoanleitungen führen dich Schritt für Schritt zum fertigen Modell. Mache deine Modelle mit ausgefallenen Knöpfen oder stylischen Bändern unverwechselbar. Probiere eigene Farb- und Musterkombinationen aus und werden so zum Designer oder zur Designerin!

Ich wünsche dir viel Freude beim Nähen!

Deine

Ina Andresen

Nähen Schritt für Schritt

Hier erfährst du alles über die wichtigsten Arbeitsschritte und Fachausdrücke beim Nähen. Lies dir immer zuerst alle Arbeitsschritte durch und befolge dann die Anleitung in der richtigen Reihenfolge. Benutze die Nähmaschine und das Bügeleisen immer nur mit Hilfe und unter Aufsicht eines Erwachsenen.

RECHTE UND LINKE STOFFSEITE

Als rechte Seite bezeichnet man die schönere Stoffseite, die nach dem Nähen außen zu sehen ist. Die Rückseite des Stoffs ist die linke Seite.

RECHTS AUF RECHTS

Zwei Stoffteile werden mit den schönen Seiten aufeinandergelegt. Die linken Stoffseiten sind außen zu sehen.

FADENLAUF

Der Fadenlauf in einem Stoff verläuft parallel zur Webkante. Das sind die festeren Ränder des Stoffs. Rechteckige Schnittmuster werden mit einer Kante parallel zum Fadenlauf auf den Stoff aufgelegt bzw. aufgezeichnet. Bei den anderen Schnittteilen ist ein Pfeil für den Fadenlauf eingezeichnet.

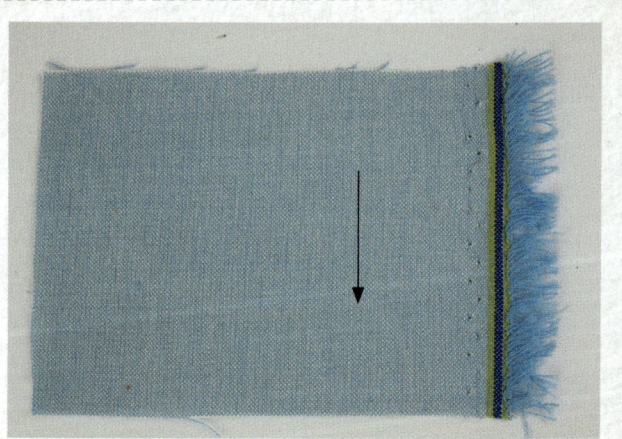

SCHNITTMUSTER

Alle Schnittmuster sind in Originalgröße auf dem Schnittmusterbogen vorhanden. Ob du die Schnitte aus dem Stoff mit Nahtzugaben (siehe Seite 10) ausschneiden musst, steht jeweils in der Anleitung.

SCHNITTMUSTER ABPAUSEN

Lege dünnes Papier auf das Schnittmuster. Dafür eignet sich Transparentpapier oder Butterbrotpapier. Dann zeichnest du alle Linien und Markierungen mit einem Bleistift nach und schneidest das Muster mit einer Papierschere aus.

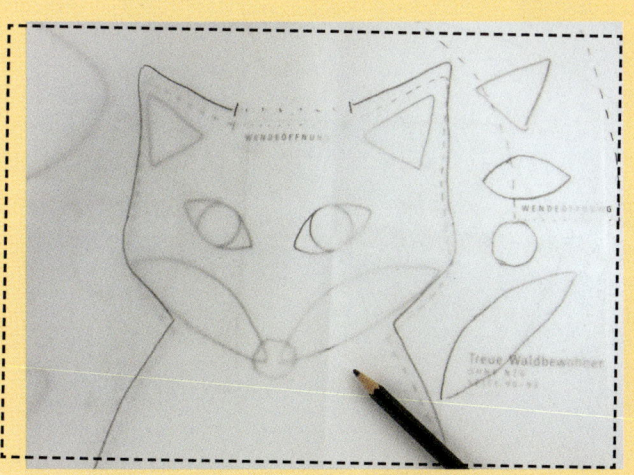

SCHNITTMUSTER AUF DEN STOFF ÜBERTRAGEN

Lege den gebügelten Stoff glatt auf den Tisch und stecke das Schnittmuster mit wenigen Nadeln fest, damit es beim Zeichnen nicht verrutscht. Dann umrandest du die Papiervorlage mit einem weichen Bleistift oder Kreidestift und zeichnest, wenn nötig, die Nahtzugaben (siehe Seite 10) an. Übertrage auch eingezeichnete Punkte, Pfeile und Markierungen vom Schnittmuster auf den Stoff. Was die Zeichen bedeuten, verrät dir die Legende. Anschließend entfernst du die Vorlage wieder. Um zwei gleiche Stoffteile auszuschneiden, faltest du den Stoff rechts auf rechts und steckst dann das Schnittmuster zum Übertragen auf.

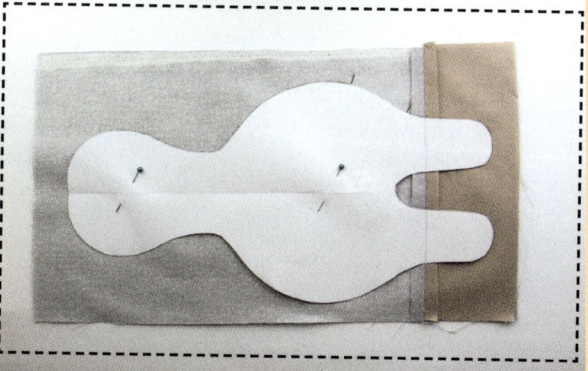

LEGENDE

―――――― Schnittkante

– – – – – Nahtlinie

·············· Falt-, Bügel oder Markierungslinie

↓ Fadenlauf

SCHWIERIGKEITSGRAD

★☆☆   ★★☆   ★★★

Leicht   Mittel   Schwer

BÜGELN

Bügeln ist beim Nähen ganz wichtig. Vor dem Zuschneiden wird der Stoff immer gebügelt, damit er glatt liegt, wenn das Schnittmuster aufgezeichnet wird. Auch die Nähte werden nach dem Nähen ausgebügelt, damit sie schön glatt sind. Dazu legst du die Naht mit den Nahtzugaben nach oben auf das Bügelbrett, drückst die Nahtzugaben mit den Fingern auseinander und bügelst über die Naht. Lass dir beim Bügeln von einem Erwachsenen helfen.

NAHTZUGABE

An jeder Naht ist eine Nahtzugabe. So nennt man den Stoffrand zwischen Naht und Schnittkante. Man braucht sie, damit die Naht nicht aufgehen kann. Normalerweise sind Nahtzugaben 1 cm breit. Möchtest du ein Stoffteil mit Nahtzugaben zuschneiden, zeichnest du vor dem Zuschneiden eine Linie im Abstand von 1 cm rund um das Schnittmuster auf den Stoff und schneidest das Stoffteile dann entlang dieser Linie aus. Einige Nahtzugaben müssen versäubert werden, damit sie nicht ausfransen (siehe Seite 15).

STOFFTEILE ZUSCHNEIDEN

Schneide die Stoffteile entlang der eingezeichneten Linie aus. Wenn zwei Lagen
gleichzeitig geschnitten werden, hefte die
Stoffe vorher mit einigen Nadeln zusammen.

STOFFBRUCH

Wird ein Stoff zusammengefaltet, heißt
die Linie, an der der Stoff umgefaltet wird,
Stoffbruch. Manchmal wird ein Schnittmuster
direkt am Stoffbruch angelegt, dann hast du
nach dem Zuschneiden ein Stoffstück, das
doppelt so groß wie das Schnittmuster ist.

STOFFE ZUSAMMENSTECKEN

Wenn es nicht anders angegeben ist,
werden vor dem Nähen jeweils zwei
Stoffteile rechts auf rechts gelegt und
mit einigen Stecknadeln fixiert, also
festgesteckt. Stecke die Nadeln am
besten so in den Stoff, dass sie beim
Nähen nicht stören und versetzt werden
müssen. Bei flach aufeinanderliegenden
Stoffteilen kannst du einige Nadeln
in die Mitte des Modells stecken, mit
etwas Abstand zur Nahtlinie.

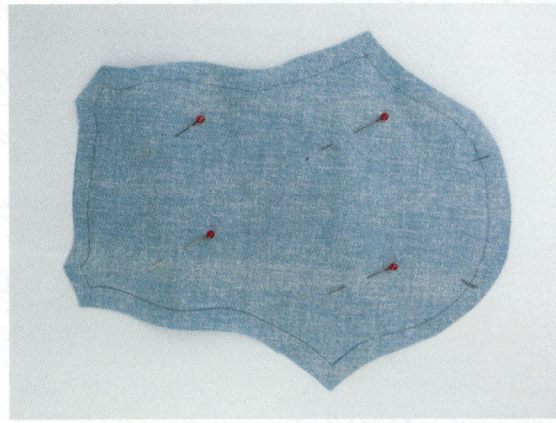

Wenn du mit den Nadeln genau die
Nahtlinie fixieren musst, steckst du die
Nadeln quer zur Naht. Dann kannst du
ganz langsam über sie hinweg nähen.

KANTEN UMBÜGELN

Bei einigen Modellen werden die Kanten auf links umgebügelt, bevor die Stoffe zusammengenäht werden. Damit die Kante, die du einbügelst, immer gleich breit ist, zeichnest du dir vorher eine Hilfslinie ein. Sie verläuft parallel zur Schnittkante im doppelten Abstand der Breite, in der die Kante umgebügelt werden soll. Möchtest du den Stoff zum Beispiel 1,5 cm umbügeln, zeichnest du vorher 3 cm parallel zur Kante mit Bleistift, Schneiderkreide oder Trickmarker eine Hilfslinie ein. Auf diese Linie muss die umgebügelte Kante treffen.

STICHLÄNGE EINSTELLEN

An der Nähmaschine kannst du die Stichlänge, also den Abstand zwischen zwei Nadeleinstichen in den Stoff, an einem Rad einstellen. Bei den meisten Stoffen stellst du die Stichlänge auf 2,5 mm ein. Bei dicken Stoffen oder mehreren Stofflagen etwas größer. Rundungen nähst du mit einer kleineren Stichlänge. Bei dem Zickzackstich wird zusätzlich zur Stichlänge auch die Stichbreite eingestellt. Die Einstellungen sind in den Modellanleitungen jeweils angegeben.

NÄHEN MIT GERADEM STICH

Zum Nähen legst du den Stoff unter das Füßchen. Senke das Füßchen auf den Stoff, indem du den Füßchenhebel nach unten drückst. Dann drehst du an dem Handrad, bis die Nadel im Stoff steckt. So können die Fäden nicht in der Maschine verrutschen, wenn du anfängst zu nähen. Mit beiden Händen hältst du den Stoff fest, um zu steuern. Dabei halten deine Hände Abstand zu dem Nähfüßchen. Jetzt kannst du ganz leicht auf das Pedal treten. Lass den Stoff einmal los, dann siehst du, dass die Maschine den Stoff alleine einzieht. Du gibst nur die Richtung vor. Schneide nach jeder Naht die Fäden ab.

Beim Anfang der Naht wird der Stoff in die Nähmaschine gezogen?

Halte zu Beginn einfach Ober- und Unterfaden straff nach hinten gezogen fest, dann schiebt sich der Stoff schön unter dem Nähfüßchen hindurch.

RÜCKWÄRTS NÄHEN

Am Anfang und Ende jeder Naht nähst du ein kleines Stück rückwärts. Das ist ein Schutz, damit die Naht nicht wieder aufgehen kann. Man nennt das „die Naht sichern". Drücke dafür auf den entsprechenden Knopf oder Hebel an deiner Nähmaschine und tritt vorsichtig auf das Pedal. Es reicht, jeweils drei Stiche rückwärts zu nähen.

Du hast vergessen, rückwärts zu nähen?

Schiebe das Stoffstück einfach noch einmal an der entsprechenden Stelle unter das Nähmaschinenfüßchen und nähe über der alten Naht kurz noch einmal vor und zurück.

JERSEY NÄHEN

Um Jersey zu nähen, benutzt du eine Jersey-nadel. Sie hat eine abgerundete Spitze. Stelle an deiner Nähmaschine den Jerseystich oder einen kleinen Zickzackstich (Stichbreite 1,5 mm, Stichlänge 2,5 mm) ein. Die Naht-zugaben brauchst du nicht zu versäubern, da Jersey nicht ausfranst.

ECKEN NÄHEN

Nähe bis zu dem Eckpunkt und drehe an dem Handrad, bis die Nadel im Stoff steckt. Das ist wichtig, damit der Stoff nicht verrutscht. Stelle jetzt das Füßchen hoch und richte den Stoff so aus, dass du auf der Nahtlinie weiternähen kannst. Denk daran, das Füßchen wieder abzusenken, bevor du weiternähst.

RUNDUNGEN NÄHEN

Rundungen kannst du einfacher nähen, wenn du eine kleine Stichlänge von etwa 1,5 mm einstellst. Dann macht die Nähmaschine kleinere "Schritte". Sie näht automatisch langsamer und du kannst den Stoff leichter in den Kurven steuern. Manchmal ist es nötig, das Füßchen anzuheben und den Stoff neu auszurichten. Drehe mit der Hand am Rad, bis die Nadel im Stoff steckt, bevor du das Füßchen hebst, so kann nichts verrutschen. Richte den Stoff neu aus und senke das Füßchen wieder ab, bevor du weiternähst.

Du hast die Stoffe aus Versehen links auf links zusammengenäht? Oder du hast dich einfach vernäht?

Kein Problem, da hilft ein Nahttrenner. Schiebe die lange Spitze unter die einzelnen Stiche und zerschneide sie. So kannst du die Naht ganz einfach wieder auftrennen.

FÜSSCHENBREIT NÄHEN

Manchmal steht in der Anleitung „füßchen-breit nähen". Dann soll das Füßchen beim Nähen genau entlang der Kante des Stoffes geführt werden.

KNAPPKANTIG NÄHEN

Nähe so dicht wie möglich an der Modell-kante entlang. Als Hilfe kannst du mit dem Trickmarker eine Linie aufzeichnen.

VERSÄUBERN MIT DEM ZICKZACKSTICH

Mit dem Zickzackstich versäuberst du Stoff-kanten und Nähte. Dabei sticht die Nadel immer einmal in den Stoff und einmal knapp daneben ein. So ist die Stoffkante vor dem Ausfransen geschützt. Du kannst den Zick-zackstich auch benutzen, um Applikationen festzunähen.

ECKEN UND RUNDUNGEN ZURÜCKSCHNEIDEN

Damit sich das Modell nach dem Wenden an der Naht schön legt, werden bei einer Ecke die Nahtzugaben abgeschnitten. Bei spitzen Ecken mehr Zugabe wegschneiden. In den Rundungen schneidest du die Zugaben mit einer kleinen spitzen Schere keilförmig bis kurz vor die Naht ein.

Beim Einknipsen der Nahtzugabe hast du aus Versehen bis in die Naht geschnitten?

Nähe etwas weiter innen neben der Naht die Strecke noch einmal nach. Denke auch hier an das Sichern der Naht am Anfang und Ende.

WENDEÖFFNUNG SCHLIESSEN

Wendeöffnungen kannst du knappkantig mit der Nähmaschine zunähen oder mit Handstichen schließen. Bei Modellen, die mit Watte ausgefüllt werden, benutzt du Handstiche, da du das gefüllte Modell nicht mehr unter das Nähmaschinenfüßchen schieben kannst.

ÜBERWENDLINGSSTICH

Mit dem Überwendlingsstich kannst du Wendeöffnungen schließen. Stich die Nadel immer wieder von der gleichen Seite durch beide Stofflagen. Zum Schluss sicherst du die Naht mit einigen Rückstichen. Dafür stichst du am Schluss einen Stich zurück und führst dann die Nadel wieder aus dem letzten Stich heraus. Wiederhole das Ganze zweimal und schneide das Fadenende anschließend ab.

MATRATZENSTICH

Zum Schließen von Wendeöffnungen kannst du auch den Matratzenstich benutzen, dann ist die Naht unsichtbar. Stich an einem Ende der Öffnung durch einen Stoff aus und genau auf der gleichen Höhe in den anderen Stoff wieder ein. Arbeite weiter, indem du immer abwechselnd in die beiden Stoffe einstichst. Zum Schluss sicherst du die Naht mit einigen Rückstichen.

VORSTICH

Der Vorstich ist der einfachste Handstich. Stich von unten durch den Stoff aus und dann ca. 5 mm daneben wieder ein. Arbeite so in immer gleichen Abständen weiter. Zum Schluss sicherst du die Naht mit einigen Rückstichen.

Beim Nähen mit Nadel und Faden rutscht dir immer wieder der Faden aus der Nadel heraus?

Befestige ihn einfach mit einem doppelten Knoten an der Nadel.

BÄNDER UND KLETTVER-SCHLÜSSE AUFNÄHEN

Nähe gemusterte Bänder an beiden Rändern mit einem kleinen Zickzackstich fest, damit die Motive gut sichtbar bleiben. Achte hierbei darauf, dass die Nadel immer jeweils einmal in den Stoff, das Klettstück oder das Webband und einmal knapp daneben einsticht. Einfarbige Bänder können mittig mit einer geraden Naht oder dem Zickzackstich aufgenäht werden. Klettverschlüsse nähst du rundherum mit Zickzackstich auf.

Du kannst noch nicht so gut gerade nähen, dass du die Kanten der Bänder schön triffst?

Befestige die Bänder einfach mit beidseitig klebendem Textilklebeband auf deinem Modell.

MIT WATTE FÜLLEN

Einige Modelle wie z. B. die Kuscheltiere werden mit Watte gefüllt. Du kannst die Watte mit dem stumpfen Ende eines Bleistiftes in die Modelle schieben, wenn du mit deinen Händen nicht bis in die Spitzen reichst.

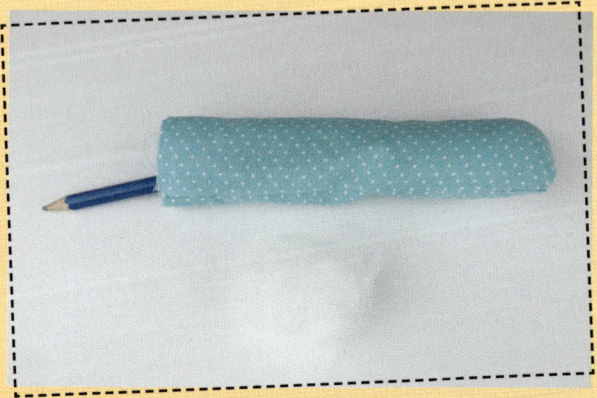

Dein Modell ist bereits fertig mit Watte gefüllt und an einer Stelle geht die Naht auf?

Du kannst die Naht einfach von außen mit Überwendlings- oder Matratzenstichen schließen.

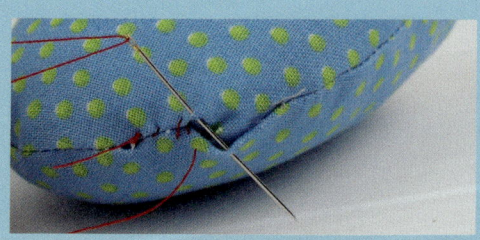

KNÖPFE ANNÄHEN

Fädle ca. 50 cm Nähgarn in eine Handnähnadel und lass ein Ende etwas länger herunterhängen. Stich die Nadel von der linken Seite durch den Stoff und fädle den Knopf auf. Lass auf der Unterseite etwas Faden hängen. Anschließend führst du die Nadel durch das zweite Loch zurück. Wiederhole den Vorgang drei- bis viermal und verknote zuletzt beide Fadenenden auf der Rückseite.

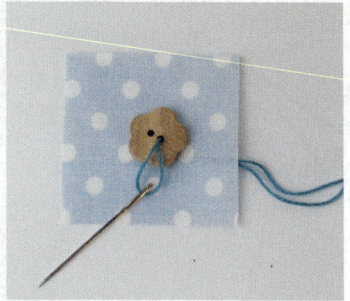  

Um einen Knopf mit Öse anzunähen, stichst du die Nadel von unten durch den Stoff, fädelst sie durch die Öse und stichst sie wieder durch den Stoff zurück. Wiederhole den Vorgang mehrmals und verknote die Fadenenden am Schluss miteinander.

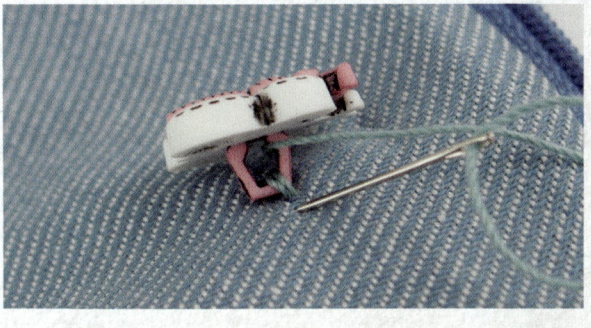

Ein Deko-Knopf löst sich am fertigen Modell und die Wendeöffnung ist bereits geschlossen?

Befestige den Knopf einfach mit einem Tropfen Klebstoff.

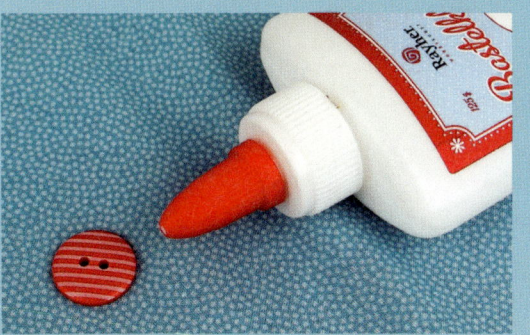

CHECK DEIN NÄHWISSEN

Du hast den Nähmaschinenführerschein in „Näh mit! Die Kindernähschule" erfolgreich bestanden, aber schon seit längerer Zeit nicht mehr genäht? Du bist Anfänger und willst wissen, welche Modelle in diesem Buch du sofort nähen kannst? Du willst einfach mal sehen, wie gut du dich im Nähen auskennst? Teste dein Wissen mit zehn Fragen zu den wichtigsten Nähtechniken. Die Lösungen findest du auf Seite 128, die Auswertung am Ende des Quiz.

1 Wie nennt man die „schöne" Seite eines Stoffs?

A Linke Stoffseite
B Obere Stoffseite
C Rechte Stoffseite

2 Für ein Modell, das du nähen möchtest, brauchst du Schnittmuster. Wie kommst du an die Vorlagen heran?

A Du schneidest die Schnittmuster direkt aus dem Schnittmusterbogen aus.
B Du legst dünnes Papier auf den Schnittmusterbogen und paust die Schnittmuster ab.
C Du brauchst die Schnittmuster nicht abzupausen, sondern legst direkt den Stoff auf den Schnittmusterbogen.

3 Du möchtest die Stoffteile für ein Modell zuschneiden. Du legst die Schnittmuster so auf den Stoff, dass der Fadenlauf ...

A ... parallel zur Webkante verläuft.
B ... senkrecht zur Webkante verläuft.
C ... diagonal verläuft.

4 Woran musst du denken, wenn du ein Schnittmuster auf den Stoff übertragen möchtest? (Mehrere Antworten möglich)

A Du steckst das Schnittmuster mit Stecknadeln fest, damit es nicht verrutscht.
B Du darfst das Schnittmuster auf keinen Fall mit einem Kreidestift umranden.
C Du überträgst Markierungen wie zum Beispiel die Zeichen für die Wendeöffnung vom Schnittmuster auf die Stoffteile.

5 Du sollst ein Stoffteil im Stoffbruch zuschneiden. Was tust du?

A Du faltest den Stoff zur Hälfte und legst das Schnittmuster mit
 der Markierung „Stoffbruch" an der Faltlinie an.
B Du legst den Stoff doppelt und legst das Schnittmuster bündig
 an einer beliebigen Stoffkante an.
C Du faltest das Schnittmuster zur Hälfte und legst es mit dem
 Fadenlauf parallel zur Webkante des Stoffs an.

6 Den Stoffrand zwischen Naht und Schnittkante nennt
man Nahtzugabe. Wozu dient sie?

A Sie sorgt dafür, dass der Stoff sich nach dem Nähen nicht zusammenzieht.
B Sie verhindert, dass die Naht später wieder aufgeht.
C Sie dient nur zur Verzierung und hat keinen praktischen Nutzen.

7 Wie verhinderst du, dass eine Naht nach dem Nähen wieder aufgeht?

A Du gibst einige Tropfen Textilkleber auf Anfang und Ende der Naht.
B Du nähst am Anfang und am Ende der Naht einige Stiche rückwärts.
C Einmal genähte Nähte gehen nicht wieder auf.

8 Stofflagen mit Stecknadeln fixieren, bedeutet ...

A ... Stecknadeln in die Stofflagen zu schieben, damit die Stoffe beim Nähen
 nicht verrutschen.
B ... die Stofflagen beim Zuschneiden mit Stecknadeln auf der Arbeitsplatte zu
 befestigen.
C ... die Nähnadel beim Nähen von Ecken im Stoff stecken zu lassen.

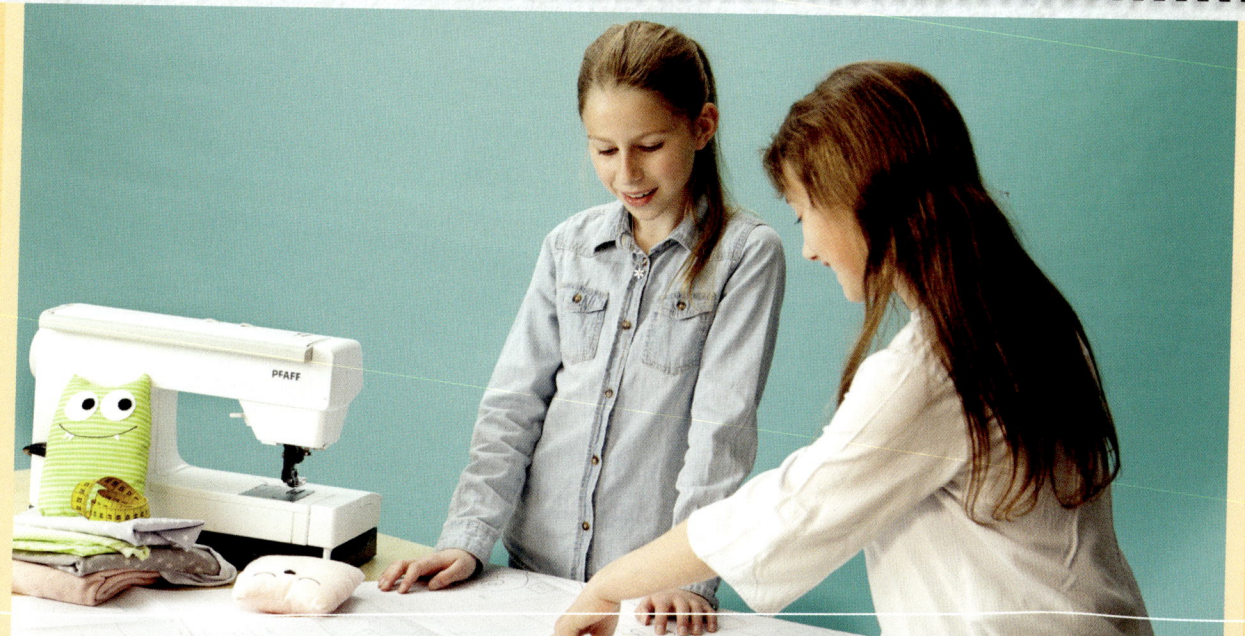

9 Du willst zwei Stoffteile füßchenbreit zusammennähen. Wo führst du die rechte Kante des Füßchens beim Nähen entlang?

A An der Nahtlinie.
B Am Fadenlauf.
C An der Stoffkante.

10 Wie schützt man Stoffkanten vor dem Ausfransen?

A Indem man sie mit Zickzackstich versäubert.
B Indem man am Anfang und Ende der Naht einige Stiche rückwärts näht.
C Indem man die Nahtzugabe auf 5 mm zurückschneidet.

11 Was musst du zusätzlich zur Stichlänge für den Zickzackstich an der Nähmaschine einstellen?

A Die Stichhöhe.
B Die Stichbreite.
C Die Stichweite.

12 Beim knappkantig Nähen nähst du ...

A ... mit 1,5 cm Abstand zur Stoffkante.
B ... füßchenbreit an der Stoffkante entlang.
C ... so dicht wie möglich an der Stoffkante entlang.

13 Du willst eine eckige Naht nähen. Wie lautet die richtige Reihenfolge, wenn du an der Ecke angekommen bist?

A Du stellst das Füßchen hoch, drehst mit dem Handrad die Nadel in den Stoff, richtest den Stoff neu aus und senkst das Füßchen wieder ab.

B Du drehst mit dem Handrad die Nadel in den Stoff, stellst das Füßchen hoch, richtest den Stoff neu aus und senkst das Füßchen wieder ab.

C Du richtest den Stoff neu aus, stellst das Füßchen hoch, drehst mit dem Handrad die Nadel in den Stoff und senkst das Füßchen wieder ab.

14 Wie lassen sich Rundungen am besten nähen?

A Mit Zickzackstich.

B Mit einer großen Stichlänge.

C Mit einer kleinen Stichlänge.

15 Was machst du, damit sich dein Modell nach dem Wenden an der Naht schön legt? (Mehrere Antworten möglich)

A Du knipst die Nahtzugaben an Rundungen bis kurz vor die Naht ein.

B Du schneidest die Nahtzugabe an den Ecken schräg ab.

C Du verzichtest auf das Versäubern der Naht.

16 Worauf kannst du beim Nähen von Jersey verzichten?

A Du musst am Anfang und am Ende der Naht nicht rückwärts nähen.

B Du musst die Stofflagen vor dem Nähen nicht mit Stecknadeln fixieren, da Jersey nicht verrutscht.

C Du musst die Nahtzugaben nicht versäubern, da Jersey nicht ausfranst.

AUSWERTUNG

15–18 richtige Antworten
Beim Nähen kann man dir nichts vormachen! Du kennst dich super aus und kannst gleich richtig mit allen Modellen loslegen!

8–14 richtige Antworten
Du bist wahrlich kein Anfänger mehr an der Nähmaschine! Schlag die Antworten, die du nicht richtig hattest, noch mal nach, damit du später beim Nähen der Modelle alles gut kannst.

0–7 richtige Antworten
Du hast noch nicht so viel Erfahrung beim Nähen oder bist vielleicht etwas außer Übung. Lies dir die Grundanleitung noch mal durch und beginne mit den Modellen mit Schwierigkeitsgrad 1 (siehe Seite 9).

In peppigem Patchwork

– SCHLÜSSELBAND –

ZUSCHNEIDEN

Die Stoffmaße enthalten bereits 1 cm Nahtzugabe, schneide die Rechtecke daher ohne Nahtzugabe zu.

Baumwollstoff:
4x Rechteck, 6 cm x 8 cm

Lege zwei Rechtecke rechts auf rechts aufeinander, fixiere sie mit Stecknadeln und nähe sie jeweils an einer schmalen Kante mit geradem Stich (Stichlänge 2,5 mm) füßchenbreit zusammen.

2

Falte die Stoffe auseinander und nähe das nächste Rechteck wie in Schritt 1 an eine schmale Kante. Wiederhole den Schritt mit dem vierten Stoffteil, so dass ein langer Streifen entsteht.

3

Falte den Streifen mittig rechts auf rechts und fixiere die Lagen mit Stecknadeln. Nähe den Streifen entlang der langen Kante füßchenbreit zusammen. Befestige an einem Ende eine Sicherheitsnadel in der Nahtzugabe.

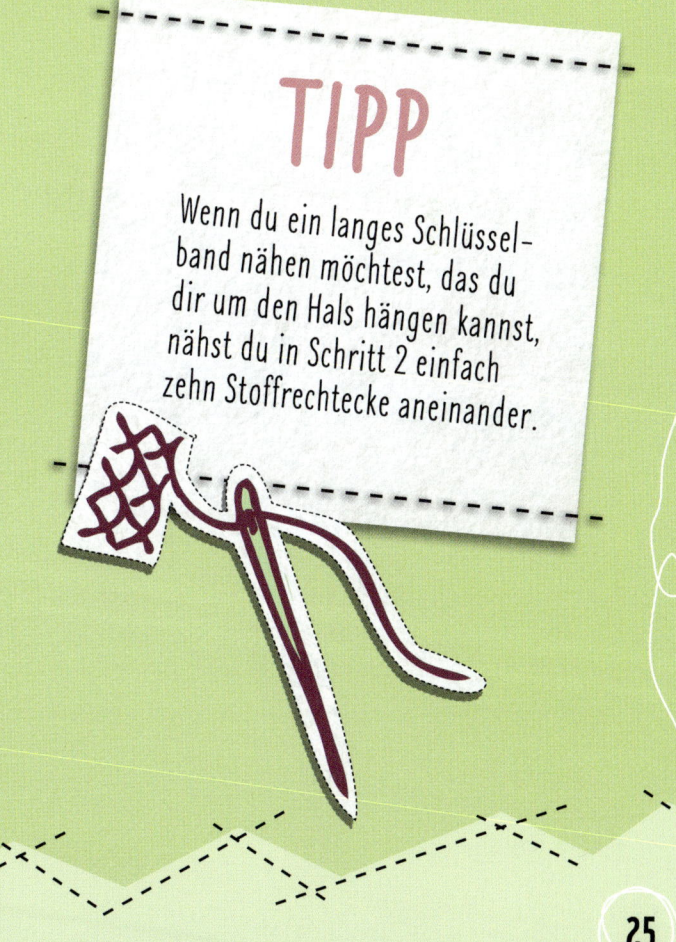

TIPP

Wenn du ein langes Schlüsselband nähen möchtest, das du dir um den Hals hängen kannst, nähst du in Schritt 2 einfach zehn Stoffrechtecke aneinander.

4

Um den Streifen zu wenden, schiebst du die Sicherheitsnadel in den Stofftunnel und ziehst sie einmal ganz durch. Entferne die Sicherheitsnadel wieder.

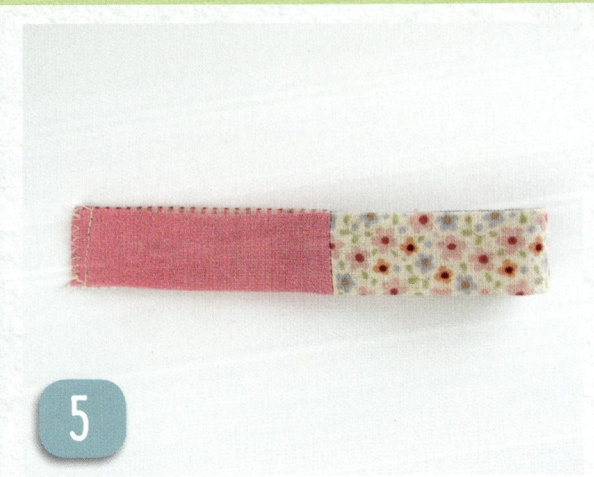

5

Lege die kurzen offenen Kanten des Schlauchs aufeinander und nähe sie knappkantig zusammen. Versäubere anschließend die Nahtzugaben mit breiten Zickzackstichen (Stichlänge 3 mm, Stichbreite 4 mm).

6

Wende das Schlüsselband, so dass die Kante mit den versäuberten Nahtzugaben innen liegt. Nähe füßchenbreit über das zusammengenähte Ende, sodass ein kleiner Tunnel für den Schlüsselring entsteht.

7

Ziehe zum Schluss den Schlüsselring in den Tunnel ein.

Ganz einfach und schnell genäht

– FILZKÖRBCHEN –

ZUSCHNEIDEN

Schneide die Körbchenteile jeweils ohne Nahtzugaben zu.

Filz:
1x Körbchenteil

KLEINES UND GROSSES KÖRBCHEN

1

Lege zwei nebeneinander liegende Seitenteile des Körbchens an einer seitlichen
Kante bündig aufeinander. Fixiere die
Lagen mit einer Stecknadel und nähe die
Seitenteile an der Kante knappkantig mit
geradem Stich (Stichlänge 3 mm) zusammen.

2

Wiederhole Schritt 1 rundherum, bis alle
Seitenteile des Körbchens zusammengenäht sind.

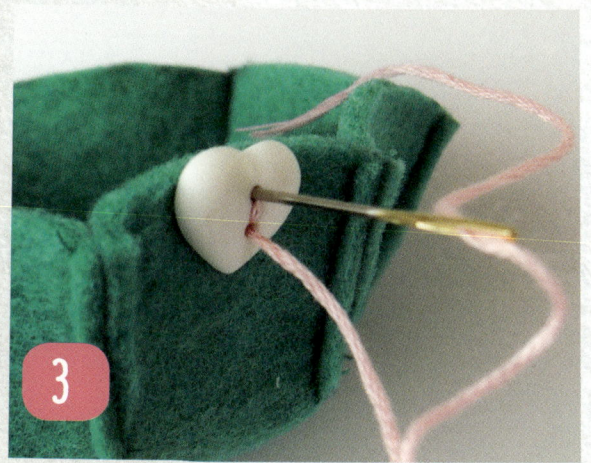

3

Wenn du magst, kannst du noch einen
Knopf an einem Seitenteil annähen. Fädle
dazu einen Faden in eine Nähnadel. Stich
mit der Nadel von innen nach außen durch
den Körbchenrand, führe die Nadel durch
ein Loch im Knopf, durch das andere
Knopfloch wieder zurück und an der Aus-
stichstelle wieder in den Filz. Wiederhole
den Schritt und verknote zum Schluss die
Fadenenden miteinander. Schön sieht es
aus, wenn der Knopf etwas über die Oberkante des Körbchens übersteht.

VIERECKIGES KÖRBCHEN

5

Lege das Filzteil diagonal zu Hälfte, so dass jeweils zwei nebeneinanderliegende Kanten bündig aufeinandertreffen. Fixiere die Lagen mit Stecknadeln und nähe die Kanten knappkantig mit geradem Stich (Stichlänge 3 mm) zusammen.

6

Wiederhole Schritt 1 an den beiden anderen offenen Seitenkanten, sodass zum Schluss alle Seitenteile des Körbchens zusammengenäht sind.

Ist doch ganz einfach, oder?

TIPP

Nähe Adventskörbchen aus rotem und dunkelgrünem Filz, die du in der Adventszeit mit Zapfen oder Nüssen dekorieren kannst.

Immer sportlich unterwegs

– TURNBEUTEL –

MATERIAL

★ ★ ☆

Baumwollstoff in Hellrot, 140 m breit, 45 cm ★ Baumwollstoff in Grau mit weißen Sternen, 35 cm x 40 cm ★ Band in Blau-Pink gestreift, 1 cm breit, 16 cm lang ★ Kordel in Weiß, ø 8 mm, 3 m lang ★ farblich passendes Nähgarn ★ große Sicherheitsnadel

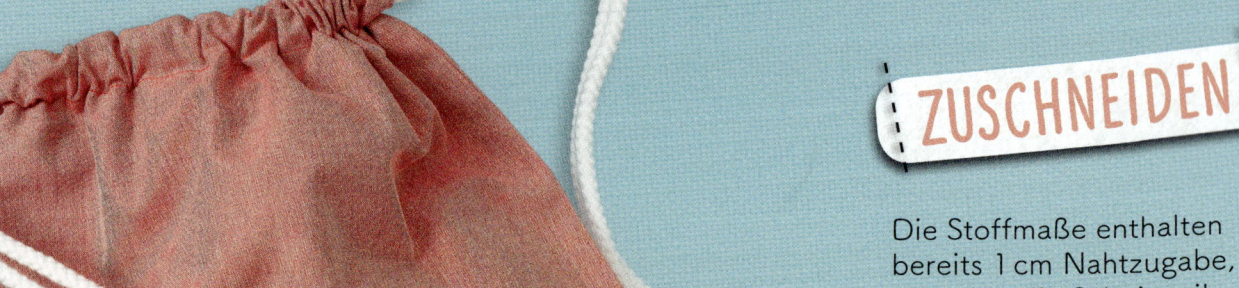

ZUSCHNEIDEN

Die Stoffmaße enthalten bereits 1 cm Nahtzugabe, schneide die Schnittteile daher ohne Nahtzugabe zu.

Baumwollstoff in Hellrot:
2x Rechteck, 40 cm x 35 cm
2x Rechteck, 27 cm x 35 cm

Baumwollstoff in Grau mit weißen Sternen:
2x Rechteck, 15 cm x 35 cm

Band in Blau-Pink gestreift:
2x 8 cm

Kordel in Weiß:
2x 1,50 m

An die Maschine, fertig, los!

Lege ein grau-weißes Stoffteil mit der 35 cm langen Kante rechts auf rechts bündig auf ein kleines hellrotes Stoffteil (27 cm x 35 cm). Fixiere die Lagen mit Stecknadeln und nähe sie füßchenbreit zusammen. Wiederhole den Schritt mit dem jeweils anderen grau-weißen und hellroten Teil.

Stecke ein zusammengesetztes Stoffteil rechts auf rechts auf eines der großen hellroten Stoffrechtecke (40 cm x 35 cm). Nähe die Stoffteile an der 35 cm langen Kante zusammen, an der die hellroten Stoffe aufeinandertreffen. Wiederhole den Schritt jeweils mit den anderen beiden Stoffrechtecken.

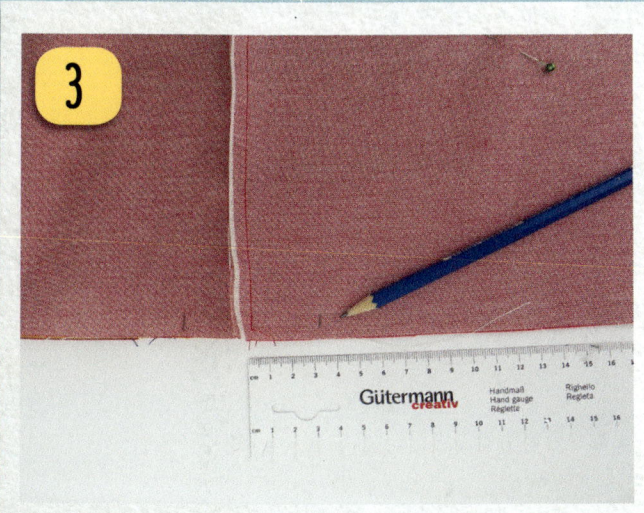

Falte die Stoffe auseinander und lege die zusammengenähten Teile so rechts auf rechts, dass immer gleiche Stoffe aufeinanderliegen. Stecke die Lagen mit einigen Stecknadeln fest. Zeichne mit einem Bleistift jeweils 4 cm links und rechts der Naht zwischen den hellroten Stoffen an einer Längsseite eine Markierung ein. Hier befinden sich später die Öffnungen für den Tunnelzug. An der Schmalseite des größeren hellroten Stoffrechtecks markierst du eine 10 cm große Wendeöffnung.

4

Falte die Bandstücke mittig links auf links
und lege sie, mit den Schlaufen nach innen zeigend, mit 3 cm Abstand zur unteren Kante auf beiden Seiten des Beutels
zwischen die Stofflagen des grauweißen
Außenstoffs. Fixiere die Schlaufen mit
Stecknadeln.

5

Nähe die Stoffteile rundherum zusammen,
lass dabei die Aussparungen für die Tun-
nelzüge und die Wendeöffnung aus.

6

Schneide die Nahtzugaben an den genähten Ecken bis kurz vor die Naht zurück
und wende den Beutel durch die Wendeöffnung. Schiebe die Nahtzugaben an der
Wendeöffnung nach innen und steppe sie
knappkantig zu. Schiebe zum Schluss den
Innenbeutel in den Außenbeutel hinein.

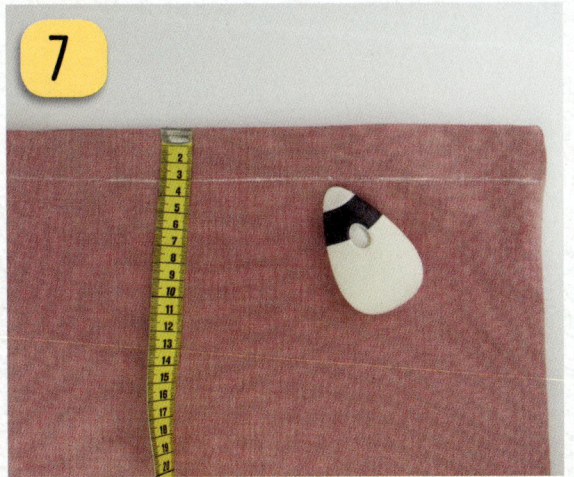

7

Für den Tunnelzug markierst du mit
Schneiderkreide oder einem Trickmarker rundherum eine Linie mit 3 cm Abstand vom oberen Rand. Danach nähst
du Außen- und Innenbeutel entlang der
markierten Linie zusammen.

Fast geschafft!

8

Befestige die Sicherheitsnadel an einem Ende eines Kordelstücks. Ziehe die Kordel mithilfe der Sicherheitsnadel durch einen Tunnel. Anschließend führst du sie durch den zweiten Tunnel wieder zurück. Wiederhole den Schritt mit der zweiten Kordel, aber beginne dieses Mal auf der anderen Seite des Beutels.

9

Ziehe die Schlaufenenden jeweils durch eine Schlaufe am Boden des Beutels und verknote sie.

Yeah, dein Projekt ist fertig!

TIPP

Turnbeutel eignen sich auch gut als Aufbewahrungsbeutel in deinem Zimmer. Einfach etwas einräumen und an einen Wandhaken hängen.

Lässt gern die Beine baumeln
– ELCHI, DER KANTENHOCKER –

MATERIAL

Baumwollstoff in Hellgrau mit weißen Punkten, 45 cm x 25 cm ★ Filz in Braun, 2 mm stark, 10 cm x 15 cm ★ Filz in Grau, 1 mm stark, 4 cm x 8 cm ★ Kordel in Dunkelgrau, ø 8 mm, 2x 15 cm lang ★ Füllwatte ★ farblich passendes Nähgarn ★ 2 Plastik-halbperlen in Schwarz, ø 6 mm ★ Bastelkleber

Schnittmusterbogen 1

ZUSCHNEIDEN

Schneide den Elchkörper mit 1 cm Nahtzugaben zu. Übertrage die Markierung für den Ansatz der Kordel-Beine auf den Stoff. Die Filzteile schneidest du ohne Nahtzugabe zu.

Baumwollstoff:
1x Körper

Filz in Braun:
1x Geweih

Filz in Grau:
2x Ohr

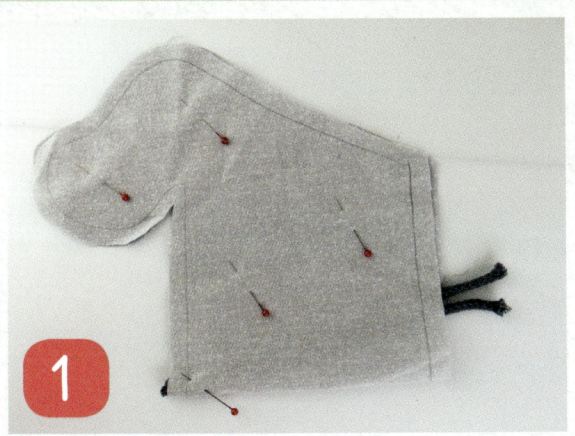

1

Falte den Elchkörper entlang der Faltlinie bündig rechts auf rechts und fixiere die Stofflagen mit Stecknadeln. Schiebe die beiden Kordelstücke für die Beine gemäß Markierung zwischen die Stofflagen und fixiere sie mit Stecknadeln.

2

Nähe den Elch an der vorderen Kante und am Kopf in einem Arbeitsgang zusammen, die rückwärtige Kante lässt du offen. Nähe mit geradem Stich (Stichlänge 2,5 mm), im Bereich der Kordeln jedoch sehr langsam und mit großem Stich (Stichlänge 4–5 mm); eventuell musst du den Stoff bei den Kordeln etwas schieben oder ziehen, damit die Nähmaschine die dicken Lagen transportieren kann.

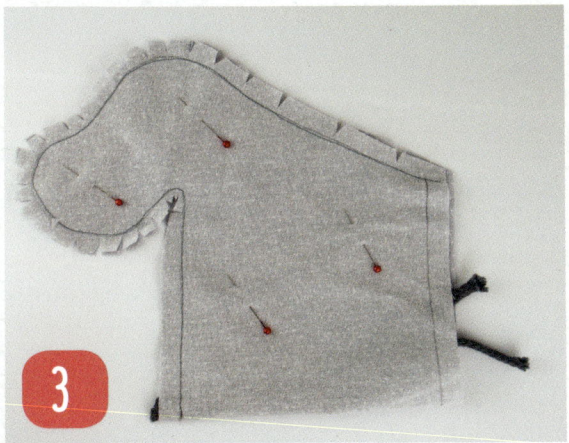

3

Knipse die Nahtzugaben an den Rundungen ein, damit sich der Stoff nach dem Wenden schön legt. Knipse auch die Nahtzugabe an der spitzen Naht zwischen Kopf und Hals ein.

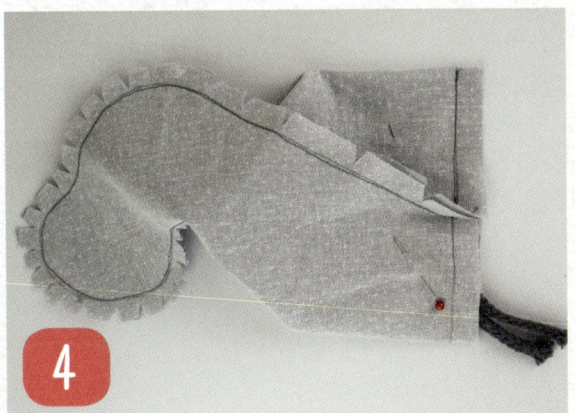

4

Ziehe die Stofflagen auseinander und lege die rückwärtige Naht am Kopf bündig so auf die noch offene, rückwärtige Kante des Elchs, dass die Naht genau auf die Mitte der offenen Kante trifft. Fixiere die Stofflagen mit Stecknadeln. Nähe die Kante von einer Ecke bis in die Mitte zusammen, die andere Hälfte lässt du als Wendeöffnung offen. Achte darauf, dass du nicht aus Versehen die losen Kordelenden festnähst.

5

Wende den Elch durch die Wendeöffnung. Fülle den Körper mit Watte, schiebe dabei zuerst etwas Watte in Schnauze und Kopf, anschließend in den Körper. Fülle den Elch nicht zu fest, damit du die Öffnung am Schluss schön glatt zunähen kannst.

6

Lege die Nahtzugaben an der Wendeöffnung nach innen und nähe die Öffnung mit Überwendlingsstichen zu; stich dabei immer von einer Seite durch alle Stofflagen.

7

Nähe das Geweih mittig auf dem Kopf mit mehreren Vorstichen an.

TIPP

Wenn du noch nicht so gut mit der Hand nähen kannst, klebst du Geweih und Ohren einfach mit ein paar Tropfen Heißkleber auf. Lass dir dabei von einem Erwachsenen helfen.

8

Falte die Ohren mittig längs und nähe sie an der unteren Kante mit Überwendlingsstichen hinter dem Geweih fest; stich dazu immer im Stoff vor dem Ohr ein und im Filz wieder aus.

9

Klebe zum Schluss die Augen mit Bastelkleber auf. Verknote die Kordelenden, damit der Elch Füße erhält.

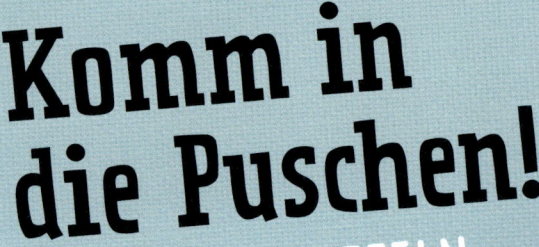

Komm in die Puschen!
– FILZPANTOFFELN –

MATERIAL

Lila-graue Pantoffeln ★ ★ ☆

Filz in Grau, 3–4 mm stark, 30 cm x 30 cm ★ Baumwollstoff in Lila-Rosa gepunktet, 20 cm x 80 cm ★ dünnes Volumenvlies (Vlieseline® 280), 20 cm x 40 cm ★ 2 Knöpfe in Grün, ø 1,5 cm ★ farblich passendes Nähgarn

Schnittmusterbogen 1

ZUSCHNEIDEN

Bevor du die Teile zuschneidest, musst zunächst die passende Größe der Pantoffeln herausfinden. Stelle dazu deine Füße nacheinander auf das Schnittmuster des Sohlenteils (Größe XS, S, M, L). Das passende Sohlenteil sollte rundherum ca. 5 mm größer als dein Fuß sein. Schneide die Sohlenteile aus Filz ohne Nahtzugaben zu. Die Schnittteile aus Baumwollstoff und Vlieseinlage schneidest du mit 5 mm Nahtzugabe zu.

Filz:
2x Sohle

Baumwollstoff:
4x Pantoffelteil

Vlieseinlage:
2x Pantoffelteil

MATERIAL

Grün-weiß karierte Pantoffeln ★ ★ ☆

Filz in Rot, 3–4 mm stark, 30 cm x 30 cm ★ Baumwollstoff in Grün-Weiß kariert, 20 cm x 80 cm ★ dünnes Volumenvlies (Vlieseline® 280), 20 cm x 40 cm ★ 2 Knöpfe in Grün, ø 1,5 cm ★ farblich passendes Nähgarn

Schnittmusterbogen 1

1

Lege zwei Pantoffelteile bündig rechts auf rechts. Die beiden Stofflagen legst du anschließend bündig auf ein Schnittteil aus Vlieseinlage. Fixiere die Lagen mit Stecknadeln und nähe sie an der Kante mit der leichten Rundung mit geradem Stich (Stichlänge 2,5 mm) zusammen.

2

Knipse die Nahtzugaben an der genähten Kante ein.

3

Wende das Teil, sodass die Vlieseinlage innen liegt. Lege die noch offenen Kanten bündig aufeinander und fixiere die Stofflagen mit Stecknadeln. Versäubere die offenen Kanten zusammen mit breiten Zickzackstichen (Stichlänge 2,5 mm, Stichbreite 4 mm).

4

Lege das Pantoffelteil mit den versäuberten Kanten bündig auf das vordere Ende eines Sohlenteils und fixiere es mit Stecknadeln. Nähe die Lagen mit 5 mm Nahtzugabe fest. Wende den Pantoffel, sodass die Nahtzugaben innen liegen.

5

Nähe an der oberen Kante des Pantoffelteils einen Knopf an. Es sieht schön aus, wenn der Knopf ein wenig über die Kante übersteht.

6

Nähe den zweiten Pantoffel wie in Schritt 1–5 beschrieben.

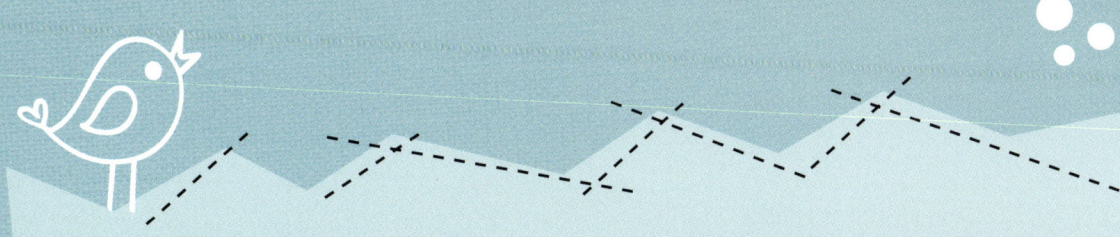

Patchwork-Herz

– MIT TÄSCHCHEN FÜR LIEBE GRÜSSE –

MATERIAL

★★☆

Baumwollstoff in Blau, 15 cm x 45 cm ★ Baumwollstoff in Rot-Weiß gestreift, 30 cm x 65 cm ★ Füllwatte ★ farblich passendes Nähgarn

Schnittmusterbogen 1

ZUSCHNEIDEN

Die Maße für die Recht-ecke enthalten bereits 1 cm Nahtzugabe. Das Herz schneidest du mit 1 cm Nahtzugabe aus. Übertrage alle Markierungen auf die Stoffteile.

Baumwollstoff in Blau:
1x Rechteck, 11 cm x 13 cm
1x Rechteck, 15 cm x 32 cm

Baumwollstoff in Rot-Weiß gestreift:
1x Rechteck, 30 cm x 32 cm
1x Herz

1

Für die aufgesetzte Tasche bügelst du an dem kleinen blauen Stoffrechteck eine schmale und die beiden langen Kanten 1 cm auf links um. Lass dir dabei von einem Erwachsenen helfen. Die zweite schmale Kante bügelst du 2 cm breit auf links und nähst sie mit 1,5 cm Abstand zum Umbruch mit geradem Stich (Stichlänge 2,5 mm) fest.

2

Lege die Tasche mittig auf die rechte Stoffseite des rot-weißen Herzens, fixiere sie mit Stecknadeln und nähe sie an den Seiten und am Boden mit geradem Stich (Stichlänge 2,5 mm) knappkantig fest.

3

Für die Patchworkseite legst du das große blaue Rechteck mit einer 32 cm langen Kante bündig rechts auf rechts auf das rot-weiße Rechteck. Fixiere die Stofflagen mit Stecknadeln und nähe sie an der Kante zusammen.

4

Falte die Stoffe auseinander. Übertrage das Herz mit Hilfe des Schnittmusters auf die linke Stoffseite, die Markierungslinie liegt dabei genau auf der Naht zwischen den Stoffen. Schneide das Herz mit 1 cm Nahtzugabe aus.

5

Lege beide Herzen rechts auf rechts, fixiere sie mit Stecknadeln und nähe sie rundherum zusammen, lass dabei die Wendeöffnung aus.

6

Knipse die Nahtzugaben an den Rundungen sowie oben an der genähten Ecke zwischen den Rundungen ein und schneide sie an der Spitze bis kurz vor die Naht zurück, damit sich der Stoff nach dem Wenden schön legt.

HERZ MIT AUFGENÄHTEM BAND

7

Wende das Herz durch die Wendeöffnung und fülle es mit Watte. Schiebe die Nahtzugaben an der Wendeöffnung nach innen und nähe die Öffnung mit Überwendlingsstichen zu.

Willst du das Herz noch mit einem schönen Band verzieren? Schneide ein 30 cm langes Baumwollband zurecht und nähe es nach Schritt 4 entlang der Naht auf die rechte Stoffseite des Patchwork-Herzteils.

Super,
du kannst schon
Bänder mittig
aufnähen und
Wendeöffnungen
knappkantig
schließen!

Garantiert ohne Kalorien

– DONUT-KISSEN –

★ ★ ☆

Filz in Hellbraun, 1–2 mm stark, 50 cm breit, 1 m ★ Filz in Rosa, 1–2 mm stark, 50 cm breit, 50 cm ★ Filz in Pink, Orange und Weiß, 1 mm stark, jeweils 10 cm x 18 cm ★ Vliesofix®, 50 cm x 50 cm ★ Füllwatte ★ farblich passendes Nähgarn

Schnittmusterbogen 1

ZUSCHNEIDEN

Schneide die Filzteile in Hellbraun mit 1 cm Nahtzugabe zu. Die Zuckerstreusel in Pink, Orange und Weiß schneidest du ohne Nahtzugabe zu. Der rosa Zuckerguss wird in Schritt 1 zugeschnitten.

Filz in Hellbraun:
2x Donut

Filz in Pink, Orange und Weiß:
je 7x Zuckerstreusel

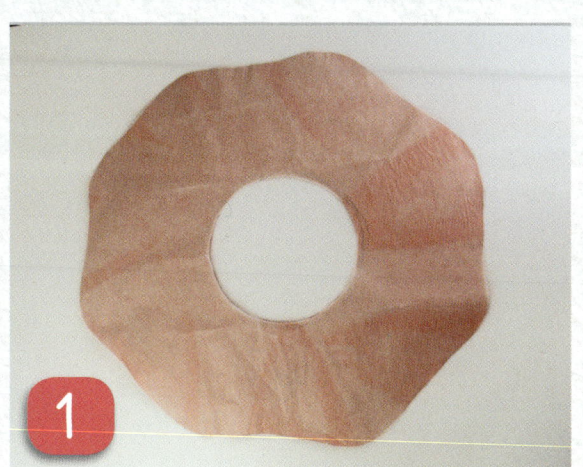

1

Bügle das Vliesofix® mit Hilfe eines Erwachsenen auf eine Seite des rosafarbenen Filzes. Übertrage die Vorlage für den Zuckerguss auf das Trägerpapier und schneide das Teil aus. Ziehe das Trägerpapier vom Vliesofix® ab.

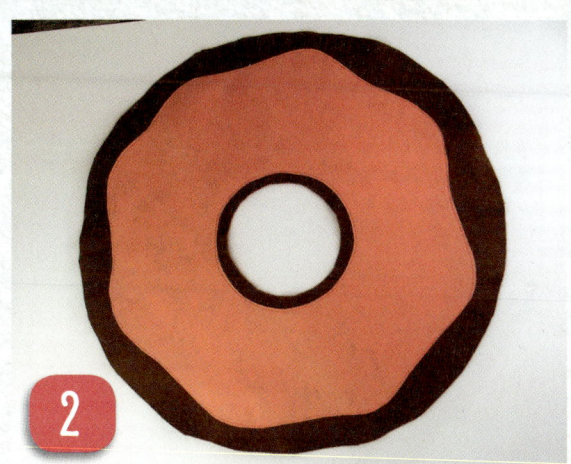

2

Bügle das Zuckerguss-Teil nun nach Herstelleranleitung mit Hilfe eines Erwachsenen auf einen Donut-Kringel. Nähe den Zuckerguss rundherum an der Innen- und Außenkante knappkantig mit geradem Stich (Stichlänge 2,5 mm) fest.

3

Verteile die Zuckerstreusel lose auf dem Zuckerguss und fixiere sie mit Stecknadeln. Nähe die Streusel jeweils mit einer Naht mittig fest.

4

Lege die Donut-Teile rechts auf rechts aufeinander und fixiere sie mit Stecknadeln. Nähe die Teile an der Außenkante mit 1 cm Nahtzugabe zusammen, lass dabei eine 10 cm lange Öffnung aus.

5

Wende den Donut, sodass der rosafarbene Zuckerguss wieder außen liegt. Stecke die Stoffe im Innenkreis bündig aufeinander und nähe diese Lagen knappkantig fest.

6

Nun kannst du den Donut durch die Öffnung aus Schritt 4 mit Watte füllen. Schiebe dazu die Watte zuerst bis zum gegenüberliegenden Teil der Wendeöffnung und arbeite dich dann in beiden Richtungen bis zur Wendeöffnung vor.

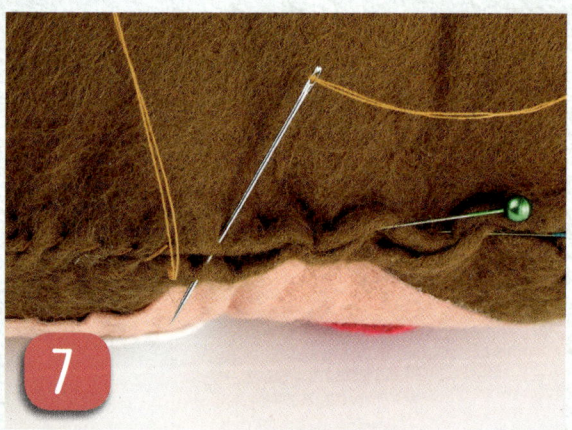

7

Schiebe zum Schluss die Nahtzugaben der Wendeöffnung nach innen und schließe die Wendöffnung mit Überwendlingsstichen.

Toll, du hast Filz-
stücke appliziert!
Das ist was für
Fortgeschrittene!

Für Stifte, Krims-krams & Co.

– MÄPPCHEN MIT REISSVERSCHLUSS –

MATERIAL

Baumwollstoff in Gelb-Weiß geblümt (Ober-stoff), 24 cm x 24 cm ★ Baumwollstoff in Hellgelb (Futterstoff), 24 cm x 24 cm ★ dünne Vlieseinlage zum Aufbügeln (z. B. Vlieseline® H200), 24 cm x 24 cm ★ Reiß-verschluss in Weiß, 22 cm lang ★ Band in Hellgelb, 1 cm breit, 6 cm lang ★ farblich passendes Nähgarn

ZUSCHNEIDEN

Alle Maße enthalten bereits 1 cm Nahtzugabe, schneide die Stoffteile da-her ohne Nahtzugabe zu.

An die Maschine, fertig, los!

1 Bügle die Vlieseinlage auf das Teil aus Oberstoff. Lass dir dabei von einem Erwachsenen helfen.

2 Lege das Teil mit der rechten Stoffseite nach oben auf die Arbeitsfläche. Den Reißverschluss legst du mit dem Zipper nach unten bündig an eine Stoffkante. Das Teil aus Futterstoff legst du rechts auf rechts darauf und fixierst den Reißverschluss und die Stofflagen mit Stecknadeln. Setze das Reißverschlussfüßchen in die Nähmaschine ein, damit du schön dicht an den Zähnchen des Reißverschlusses nähen kannst. Nähe den Reißverschluss an der Kante mit geradem Stich (Stichlänge 2,5 mm) an.

TIPP

Falls du als Oberstoff festeren Stoff wie z. B. Cord oder Jeansstoff verwendest, brauchst du ihn nicht mit Vlieseinlage zu verstärken.

Klappe die Stoffe auseinander. Falte das Band mittig zur Schlaufe und fixiere es ca. 2 cm unterhalb des Reißverschluss-Anfangs mit der Schlaufe nach innen zeigend auf der rechten Stoffseite des Oberstoffs. Nähe das Band mit wenigen Stichen in der Nahtzugabe an.

Falte die Stoffteile jeweils mittig rechts auf rechts und fixiere die noch offenen Kanten mit Stecknadeln an der zweiten Reißverschlusshälfte. Nähe den Reißverschluss an.

5

Falte die Stoffe am rückwärtigen Ende des Reißverschlusses rechts auf rechts wie auf dem Foto abgebildet, so dass der Reißverschluss mittig liegt. Setze nun wieder das Nähfüßchen ein und nähe alle Stofflagen füßchenbreit zusammen.

6

Öffne den Reißverschluss etwas, damit du die Stoffe später hindurchschieben kannst. Lege die noch offenen Kanten auf der anderen Seite des Mäppchens rechts auf rechts, so dass gleiche Stoffe aufeinanderliegen. Nähe die Stofflagen füßchenbreit mit geradem Stich zusammen, lass dabei im Futterstoff eine 6 cm lange Wendeöffnung.

7

Wende das Mäppchen durch die Wendeöffnung. Lege die Nahtzugaben an der Wendeöffnung nach innen und nähe die Öffnung knappkantig zu.

8

Schiebe zum Schluss den Innenstoff in die Außentasche.

Grunzt mit dir um die Wette

– GLÜCKSSCHWEINCHEN –

MATERIAL

★ ★ ☆

Baumwollstoff in Weiß-Rosa gepunktet, 20 cm x 50 cm ⭐ Bastelfilz in Weiß und Rosa, jeweils Reste ⭐ Füllwatte ⭐ Baumwollkordel in Rosa, ø 3 mm, 10 cm lang ⭐ farblich passendes Nähgarn ⭐ Stoffmalstift in Schwarz

Schnittmusterbogen 1

ZUSCHNEIDEN

Schneide die Filzteile ohne Nahtzugabe zu. Der Schweinchenkörper wird in Schritt 1–3 zugeschnitten.

Filz in Rosa:
2x Ohr

Filz in Weiß:
2x Augenkreis

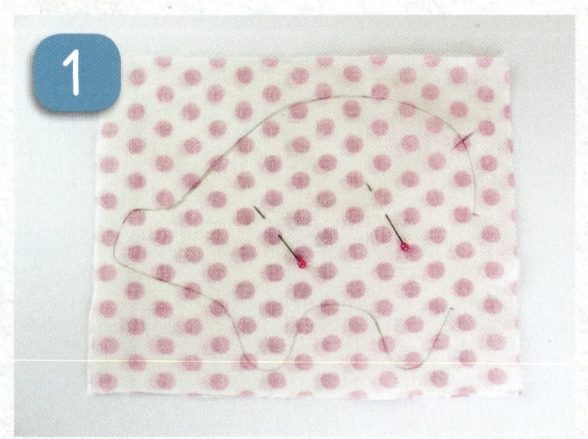

1

Falte den Stoff mittig rechts auf rechts, so dass die 20 cm langen Kanten aufeinanderliegen. Lege das Schnittmuster für den Schweinchenkörper auf den Stoff und fixiere es mit Stecknadeln. Umrande das Schnittmuster mit weichem Bleistift. Übertrage auch die Markierung für das Schwänzchen und die Wendeöffnung auf den Stoff. Das Schnittmuster kannst du anschließend wieder entfernen.

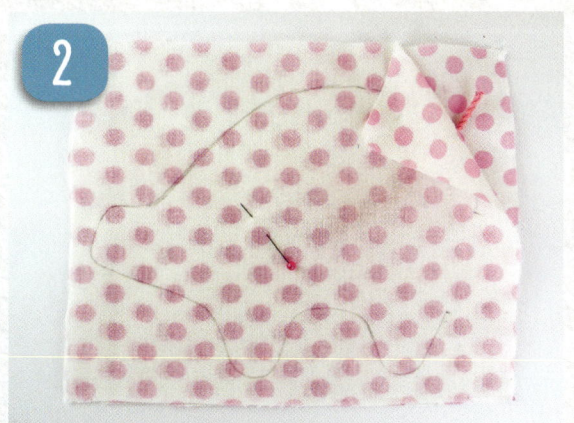

2

Stecke die Kordel an der Markierung für das Schwänzchen zwischen die Stofflagen, so dass das längere Kordelende nach innen zeigt.

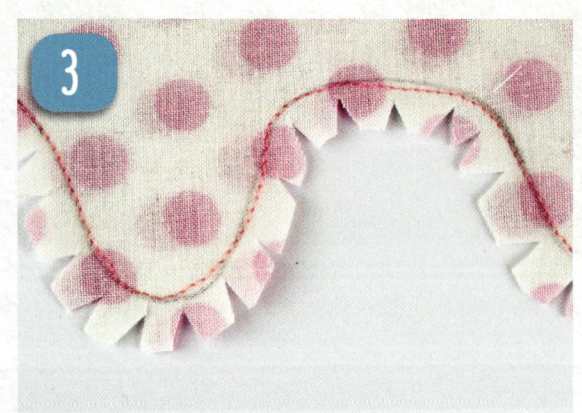

3

Nähe den Schweinchenkörper rundherum auf der angezeichneten Linie mit geradem Stich (Stichlänge 2,5 mm) zusammen, dabei lässt du die Wendeöffnung aus. Schneide das Schweinchen mit 1 cm Nahtzugabe aus. Knipse die Nahtzugaben an allen Rundungen ein, aber nicht im Bereich der Wendeöffnung.

4

Mach einen Knoten in das Kordel-Schwänzchen und schiebe ihn direkt an den Schweinchenkörper. Schneide die Kordel auf eine Länge von 3 cm ab.

5

Fülle das Schweinchen mit Watte. Schiebe dafür zuerst wenig Watte bis in die Schnauze und beide Beine. Anschließend füllst du den restlichen Körper.

6

Lege die Nahtzugaben an der Wendeöffnung nach innen. Schließe die Öffnung mit Überwendlingsstichen. Stich dazu immer von einer Seite durch alle Stofflagen.

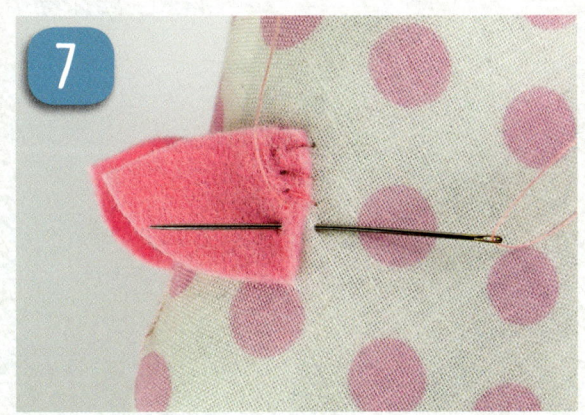

7

Fixiere die Ohren oben am Kopf mit Stecknadeln und nähe sie mit Überwendlingsstichen an. Stich dazu immer in den Stoff ein und aus dem Filz wieder aus.

8

Klebe zum Schluss die Augenkreise auf das Gesicht und male mit dem Stoffmalstift die Pupillen und den Mund auf.

TIPP Die Schweinchen lassen sich toll aus Stoffresten mit farblich passenden Filzohren nähen. Verschenke die Glücksbringer an Freunde und Verwandte!

Duften herrlich nach Sommer!

– LAVENDEL-TEEBEUTEL –

MATERIAL

★ ☆ ☆

Baumwollstoff mit buntem Muster, 13 cm x 20 cm ★ Satinband in Naturweiß, 3 mm breit, 15 cm lang ★ farblich passendes Nähgarn ★ Papier in Natur, 2 cm x 5 cm ★ Bastelkleber ★ 2–3 Teelöffel getrocknete Lavendelblüten zum Befüllen

ZUSCHNEIDEN

Alle Maße enthalten bereits 1 cm Nahtzugabe, schneide die Stoffteile daher ohne Nahtzugabe zu.

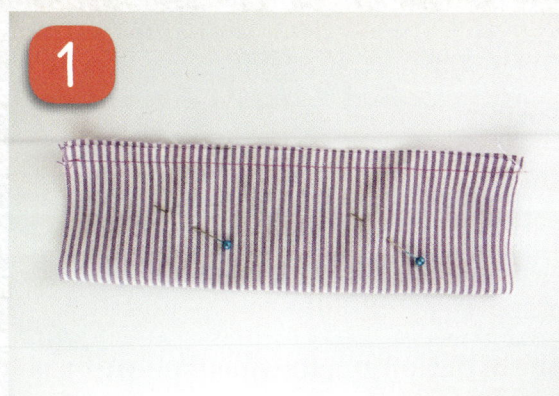

1

Falte das Rechteck längs, so dass die 20 cm langen Kanten aufeinanderliegen. Fixiere die Stofflagen mit Stecknadeln und nähe sie an der langen Kante füßchenbreit mit geradem Stich (Stichlänge 2,5 mm) zusammen.

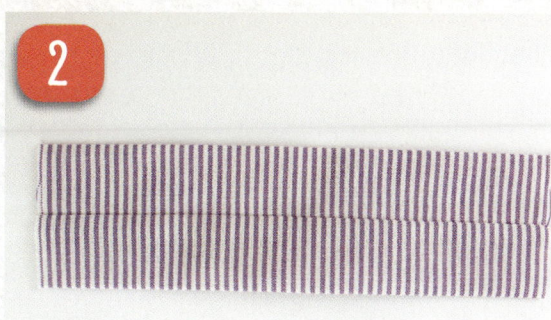

2

Wende den Schlauch und bügle ihn so, dass die Naht auf einer Seite mittig liegt; lass dir dabei von einem Erwachsenen helfen.

3

Falte den Schlauch, so dass die Seite mit der Naht innen liegt. Verschiebe nun eine schmale Kante mit ca. 1 cm Abstand unter die andere schmale Kante. Schiebe die untere Bruchkante 1 cm nach innen und bügle den Boden des Teebeutels.

4

Fülle 2–3 Teelöffel getrocknete Lavendelblüten in den Teebeutel.

TIPPS

Lege die Lavendel-Teebeutel zwischen deine Wäsche und dein Kleiderschrank riecht immer frisch. Die Duftbeutelchen sind auch ein tolles Geschenk oder Mitbringsel.

5

Falte die Ecken der oberen, offenen Kante zu Dreiecken nach unten um.

6

Die in Schritt 5 entstandene Spitze faltest du ebenfalls nach unten um und fixierst sie mit einer Stecknadel.

7

Lege ein Ende des Satinbands auf die umgeklappte Spitze des Teebeutels. Nähe alle Lagen und das Band mit einigen geraden Nähmaschinenstichen fest.

8

Falte das Papierstück mittig und klebe es mit Bastelkleber um das lose Bandende. Wenn du magst, kannst du es zum Schluss noch bemalen oder beschriften.

TIPP

Du kannst auch kurze Botschaften auf die Papierstücke schreiben.

Nie mehr kalte Füße

– FUSSKISSEN MIT SCHLUPFLÖCHERN –

ZUSCHNEIDEN

Schneide das Kissen mit
1 cm Nahtzugabe aus, gib
bei dem Kissenteil mit den
Fußlöchern an den Aus-
schnitten dafür ebenfalls
1 cm Nahtzugaben zu. Die
Maße für die Rechtecke
enthalten bereits 1 cm
Nahtzugabe.

Nickistoff in Hellgrün:
1x Kissenteil mit Fuß-
   löchern
1x Kissenteil ohne
   Fußlöcher

Nickistoff in Hellblau:
2x Rechteck, 35 cm x 38 cm

MATERIAL

★★☆

Nickistoff in Hellgrün, 40 cm x 80 cm ★
Nickistoff in Hellblau, 40 cm x 80 cm ★
Füllwatte ★ farblich passendes Nähgarn

Schnittmusterbogen 2

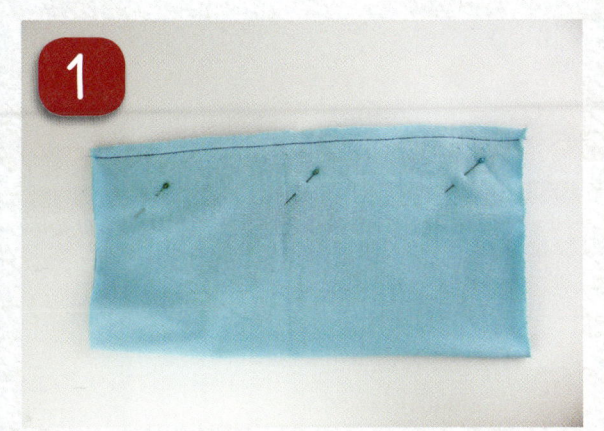

1

Falte die beiden hellblauen Rechtecke rechts auf rechts so, dass jeweils die 35 cm langen Kanten aufeinanderliegen. Fixiere die Lagen mit Stecknadeln und nähe die 35 cm langen Kanten füßchenbreit mit geradem Stich (Stichlänge 2,5 mm) zusammen.

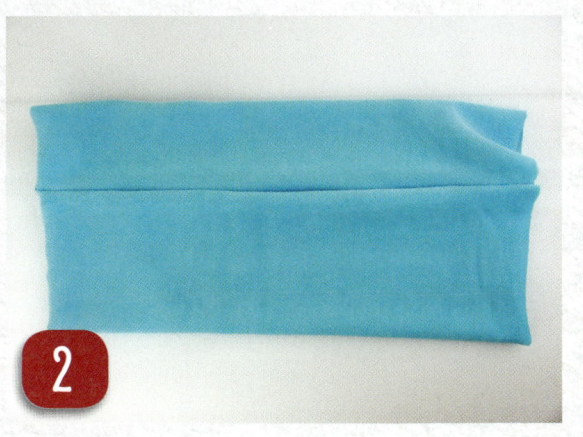

2

Wende die beiden Stoffschläuche auf rechts.

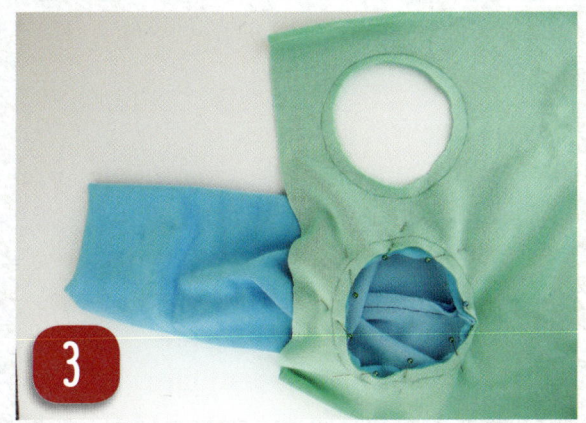

3

Fixiere einen Schlauch mit einer offenen Kante rechts auf rechts mit Stecknadeln an einem Kreisausschnitt für die Fußlöcher. Verwende ruhig etwas mehr Nadeln, Nickistoff verrutscht leicht.

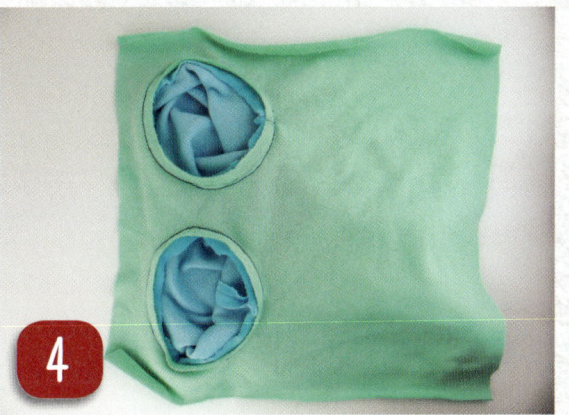

4

Fixiere den zweiten Schlauch mit Stecknadeln an dem anderen Kreisausschnitt. Nähe die Schläuche rundherum füßchenbreit fest.

Ziehe die Stoff-
schläuche durch
die Kreisöffnungen,
sodass die Stof-
fe links auf links
liegen.

5

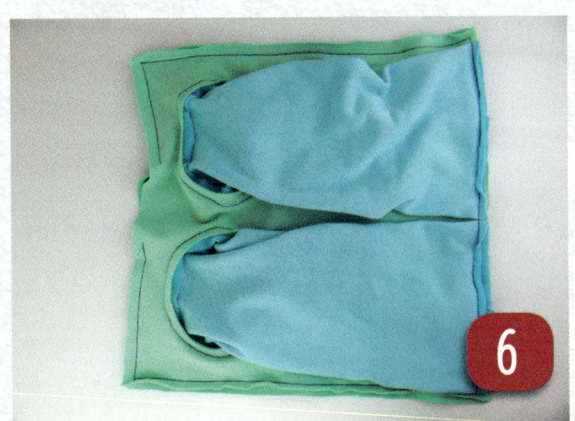

Lege die beiden Kissenteile bündig rechts auf rechts. Streiche die Stoffschläuche glatt und fixiere sie an den offenen Kanten mit Stecknadeln bündig an der am weitesten von den Kreisausschnitten entfernten Kante. Nähe die Kissenteile rundherum zusammen, lass dabei an einer Kante eine 10 cm lange Wendeöffnung aus.

Schneide die Nahtzugaben an den Ecken schmal bis kurz vor die Naht zurück und wende das Kissen. Fülle es mit Watte, dabei musst du darauf achten, auch Watte ober- und unterhalb der Stoffschläuche zwischen die Stofflagen zu schieben.

Zum Schluss schiebst du die Nahtzugaben an der Wendeöffnung nach innen und nähst die Öffnung mit Überwendlingsstichen zu.

Tischset

– IN ZWEI FARBEN MIT HERZBAND –

ZUSCHNEIDEN

Alle Maße enthalten bereits 1 cm Nahtzugabe, schneide die Stoffteile daher ohne Nahtzugabe zu.

1

Bügle die Vlieseinlage auf die linke Stoff-seite des großen Stoffrechtecks (32 cm x 45 cm) für die Rückseite. Lass dir dabei von einem Erwachsenen helfen.

2

Lege die anderen beiden Stoffrechtecke an einer 32 cm langen Kante rechts auf rechts aufeinander. Nähe die Stofflagen an dieser Kante füßchenbreit mit geradem Stich (Stichlänge 2,5 mm) zusammen.

3

Falte die Stofflagen auseinander. Lege das Webband von rechts auf die Naht und fixiere es mit Stecknadeln. Nähe das Band anschließend an den Rändern knappkantig auf.

4

Lege das zusammengesetzte Stoffteil rechts auf rechts auf das rückwärtige Stoffteil mit Vlieseinlage. Fixiere die Lagen mit Stecknadeln. Zeichne an einer Kante mit Bleistift eine 8 cm lange Wen-deöffnung ein.

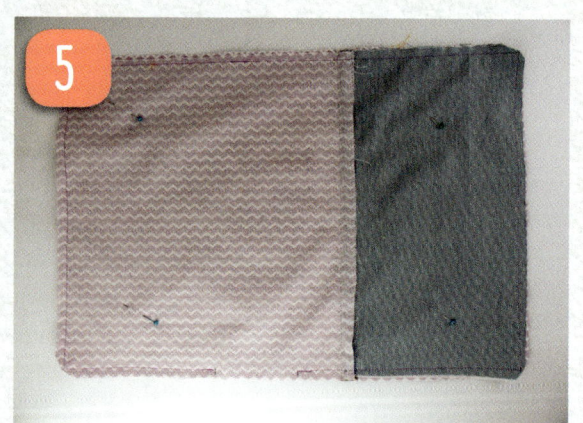

5

Nähe die Stofflagen rundherum füßchenbreit zusammen. Schneide die Nahtzugaben an den Ecken schräg bis kurz vor die Naht zurück.

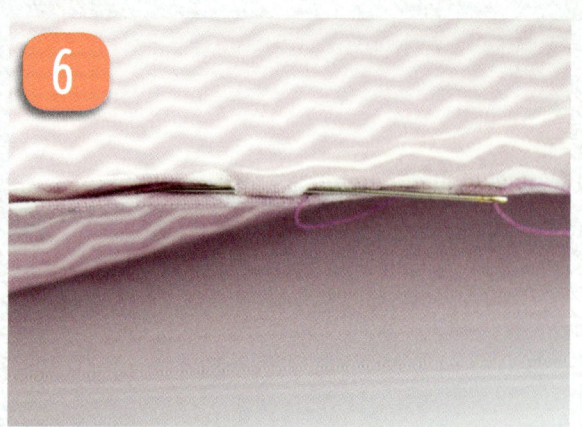

6

Wende das Tischset durch die Wendeöffnung. Lege anschließend die Nahtzugaben an der Wendeöffnung nach innen und nähe die Öffnung mit Matratzenstichen zu.

7

Bügle das Tischset zum Schluss noch einmal schön glatt.

TIPP

Nähe für jedes Familienmitglied ein eigenes Tischset mit unterschiedlichen Stoffen. Vielleicht in den jeweiligen Lieblingsfarben? Mit passend gemusterten Stoffen kannst du auch Tischsets für Ostern oder Weihnachten anfertigen.

Schmückt dein Zimmer nicht nur an Weihnachten

– STERN-GIRLANDE –

MATERIAL ★★★

5 verschiedene Baumwollstoffe in Weiß, Grau, Rot und Grün gemustert, jeweils 15 cm x 35 cm ★ Füllwatte ★ Kordel in Weiß, ø 5 mm, 120 cm lang ★ farblich passendes Nähgarn

Schnittmusterbogen 2

Die Sterne werden in Schritt 1–2 zugeschnitten.

1

Falte den Stoff mittig rechts auf rechts. Lege das Schnittmuster für den Stern auf den Stoff und fixiere es mit Stecknadeln. Umrande das Schnittmuster mit weichem Bleistift. Übertrage auch die Markierung für die Wendeöffnung auf den Stoff. Entferne das Schnittmuster und nähe den Stern rundherum auf der eingezeichneten Linie mit geradem Stich (Stichlänge 2,5 mm) zusammen, lass dabei die Wendeöffnung aus. Wiederhole den Schritt für die restlichen Sterne.

2

Schneide die Sterne mit 1 cm Nahtzugabe aus. An den Spitzen schneidest du die Nahtzugaben schmal ab. Knipse die Nahtzugaben auch in der Mitte zwischen zwei Spitzen bis kurz vor die Naht ein, damit sich der Stoff nach dem Wenden schön legt.

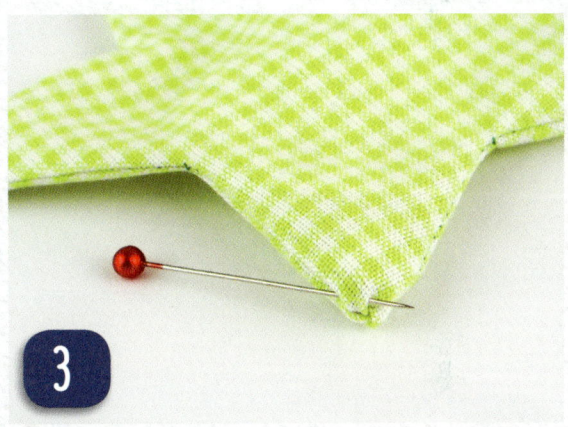

3

Wende die Sterne. Drücke jede einzelne Spitze von innen mit dem stumpfen Ende eines Bleistifts schön heraus. Wenn du möchtest, kannst du die Spitze auch noch mit Hilfe einer Stecknadel herauszupfen.

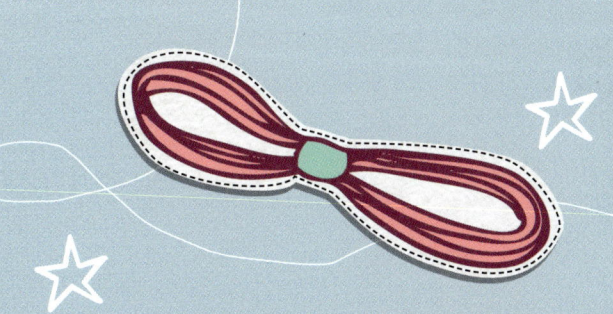

4

Fülle die Sterne mit Watte. Nimm zuerst immer nur sehr kleine Wattestückchen und schiebe sie bis in die Spitzen der Sterne. Fülle dann erst alle Spitzen fertig aus, bevor du Watte in den mittleren Teil schiebst.

5

Lege die Nahtzugaben an der Wendeöffnung nach innen und schließe die Öffnung mit Matratzenstichen.

6

Lege die Sterne locker verteilt in der gewünschten Reihenfolge auf die Kordel.

6

Nähe die Sterne anschließend auf der Rückseite mit zwei einzelnen Vorstichen an der Kordel fest. Verknote zum Schluss Anfangs- und Endfaden miteinander.

TIPP

Die Stern-Girlande eignet sich nicht nur als Weihnachtsdekoration. In deinen Lieblingsfarben genäht kannst du sie das ganze Jahr über als Zimmer- oder Fensterschmuck einsetzen.

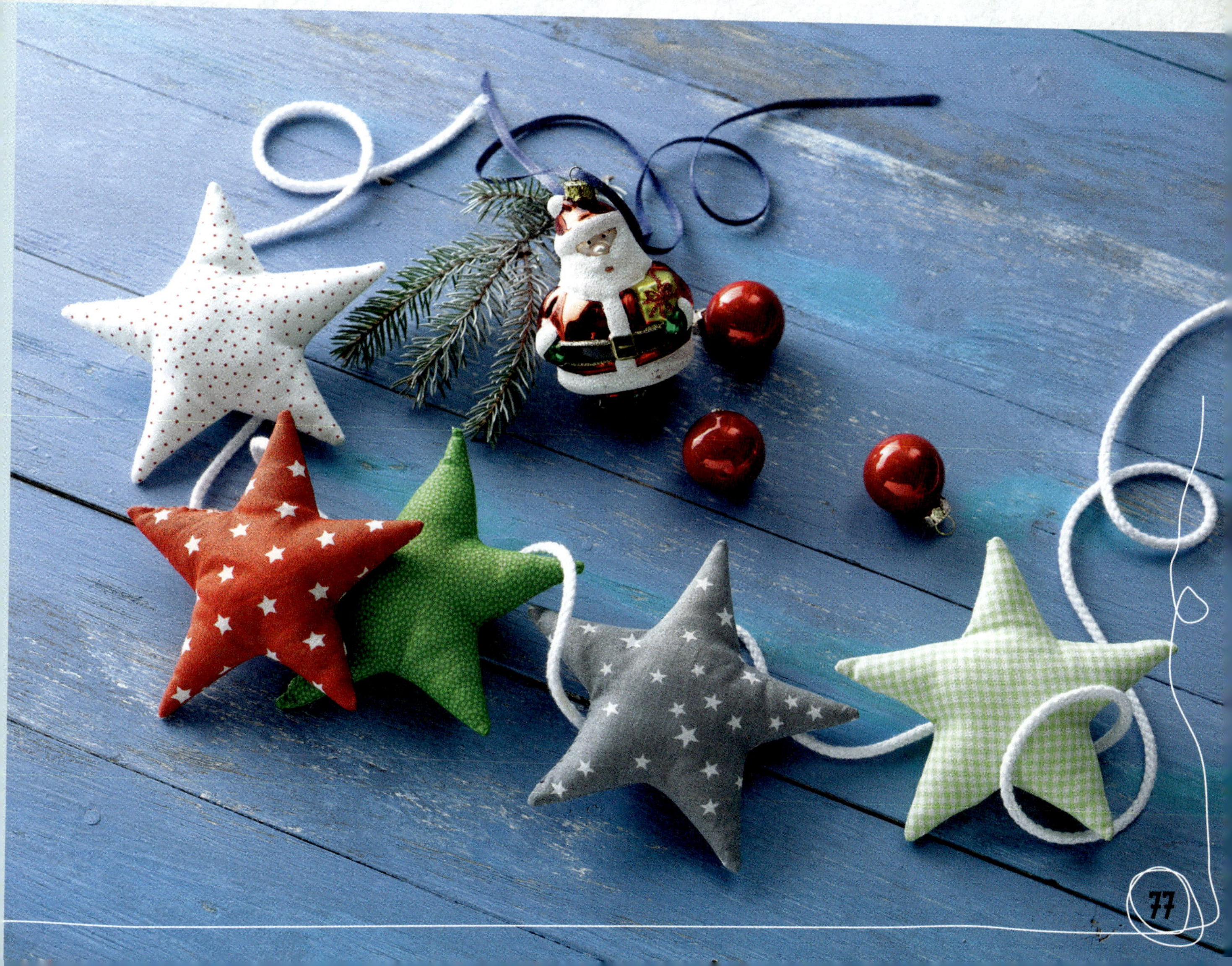

Für mollig warme Finger

– TASCHENWÄRMER –

MATERIAL

★★☆

Für zwei Taschenwärmer

Baumwollstoff in Beige mit Fuchsmotiv, 20 cm x 35 cm ★ Baumwollstoff in
Schwarz-Weiß gepunktet, 20 cm x 35 cm ★
Webband mit Igelmotiv, 1,5 cm breit, 30 cm
lang ★ farblich passendes Nähgarn ★
90 g Milchreiskörner oder Dinkelkerne
zum Befüllen

Schnittmusterbogen 1

ZUSCHNEIDEN

Das Schnittmuster enthält bereits 1 cm
Nahtzugaben, schneide die Schnittteile
daher ohne Nahtzugabe zu. Übertrage
die Markierung für die Wendeöffnung auf
den Stoff. Achte beim Ausschneiden des
Motivstoffs darauf, dass das Motiv gut im
Kreis zu sehen ist. Achte beim Zuschnei-
den des Webbands darauf, dass schöne
Motive zu sehen sind, wenn die Stücke zur
Schlaufe gelegt werden (siehe Schritt 1).

Baumwollstoff in Beige mit Fuchsmotiv:
2x Kreis

**Baumwollstoff in Schwarz-Weiß
gepunktet:**
2x Kreis

Webband:
2x 10 cm

TIPP

Nähe gleich mehrere Taschenwärmer aus bunten Stoffresten und verschenke sie an Freunde. Lege die Taschenwärmer auf die Heizung oder in die Mikrowelle (ca. 1–2 Minuten bei mittlerer Leistung). Die warmen Säckchen steckst du in deine Jackentaschen, damit sie deine Hände wärmen, wenn es draußen kalt ist.

1

Lege jeweils zwei Kreise mit verschiedenem Muster bzw. Motiv rechts auf rechts aufeinander und fixiere die Lagen mit Stecknadeln. Lege die beiden Webbandstücke zur Schlaufe und schiebe sie jeweils mit der Schlaufe nach innen zeigend zwischen die Stofflagen.

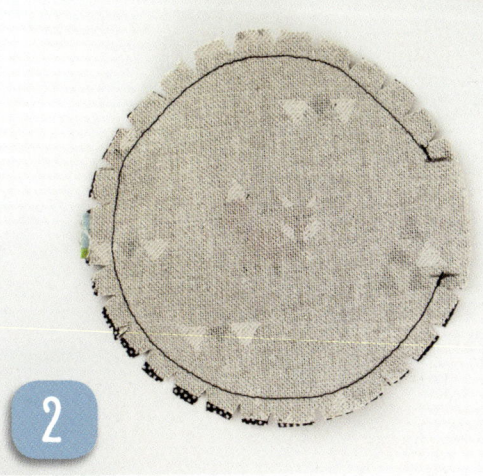

2

Nähe die Stoffkreise rundherum füßchenbreit mit geradem Stich (Stichlänge 2,5 mm) zusammen, lass dabei eine 5 cm lange Wendeöffnung aus. Knipse die Nahtzugaben rundherum außer im Bereich der Wendeöffnung in kleinen Abständen bis kurz vor die Naht ein, damit sich der Stoff nach dem Wenden schön in Form legt.

3

Wende die Taschenwärmer und befülle sie locker mit Milchreiskörnern oder Dinkelkernen. Das geht zu zweit am besten, indem einer die Öffnung aufhält und der andere Dinkel die Füllung hineingibt.

4

Lege die Nahtzugaben an den Wendeöffnungen nach innen und schließe die Öffnungen mit Überwendlingsstichen. Achte darauf, dass du möglichst kleine, enge Stiche setzt, damit die Körner nicht herausrieseln.

Wickelschal
– MIT KORDEL ZUM BINDEN –

MATERIAL

Jersey in Beige mit weißen Sternen, 140 cm breit, 35 cm ★ Jersey in Altrosa, 140 cm, 35 cm ★ Kordel in Beige, ⌀ 1 cm, 70 cm lang ★ Jerseynadel ★ farblich passendes Nähgarn

ZUSCHNEIDEN

Alle Maße enthalten bereits 1 cm Nahtzugabe, schneide die Stoffteile daher ohne Nahtzugabe zu. Schneide von der Kordel zwei jeweils 35 cm lange Stücke zurecht.

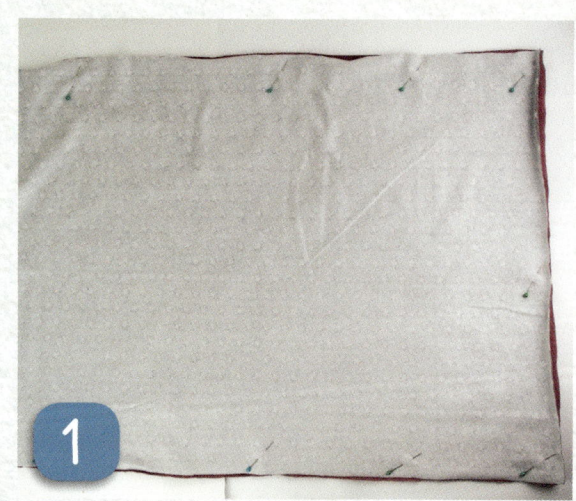

1

Lege die Jerseystoffe rechts auf rechts bündig aufeinander und fixiere die Stofflagen mit Stecknadeln.

2

Verknote an jedem Kordelstück ein Ende. Schiebe die Kordeln jeweils an einer schmalen Kante der Stoffrechtecke mit ca. 3 cm Abstand zur unteren langen Kante zwischen die Stofflagen. Die Kordel zeigt dabei nach innen. Fixiere die Kordel jeweils mit einer Stecknadel.

3

Nähe die Stofflagen rundherum mit mittleren Jerseystichen zusammen, lass dabei an einer Kante eine 8 cm lange Wendeöffnung. Im Bereich der Kordeln musst du den Stoff beim Nähen eventuell etwas schieben, damit er unter dem Nähfüßchen hindurchkommt.

4

Wende den Schal durch die Öffnung. Lege die Nahtzugaben an der Wendeöffnung nach innen und nähe die Öffnung knappkantig zu.

Einfach mal abhängen!

– FRED FAULTIER –

MATERIAL

Baumwollstoff in Helltürkis mit weißen Punkten, 120 cm breit, 30 cm ★ Baumwollstoff in Hellgrün, Rest ★ Filz in Weiß, 1 mm stark, 10 cm x 18 cm ★ Filz in Schwarz, 1 mm stark, Rest ★ Vliesofix®, 10 cm x 20 cm ★ Klettband, 2 cm breit, 5 cm lang ★ Füllwatte ★ farblich passendes Nähgarn ★ Bastelkleber ★ Filzstift in Schwarz

Schnittmusterbogen 1

Schneide die Baumwollstoff-teile mit 1 cm Nahtzugabe zu. Übertrage die Markierungen auf die Stoffteile. Für den Zu-schnitt des Gesichtsfelds und der Augen aus Filz in Weiß und des Augenflecks aus Baumwollstoff in Grün siehe Schritt 1.

Baumwollstoff in Helltürkis:
2x Körper
8x Arm

Filz in Schwarz:
1x Nase
2x Pupille

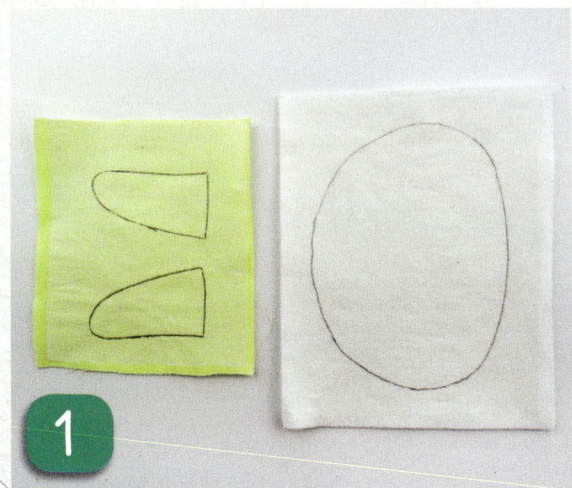

1

Bügle mit Hilfe eines Erwachsenen jeweils ein Stück Vliesofix® auf die linke Stoff-seite des hellgrünen Stoffs und auf den weißen Filz. Übertrage den Augenfleck zweimal auf das Vliesofix® am grünen Stoff, davon einmal spiegelverkehrt. Übertrage das Gesichtsteil und die Augen auf den weißen Filz. Schneide alle Teile aus und zieh das Trägerpapier vom Vlie-sofix® ab.

2

Bügle das Gesichtsteil im Kopfbereich auf die rechte Stoffseite eines Körperteils und nähe es knappkantig mit geradem Stich (Stichlänge 2,5 mm) fest. Bügle anschlie-ßend die Augenflecken auf und nähe sie knappkantig fest. Zum Schluss bügelst du die weißen Augenkreise auf und klebst die Pupillen und die Nase mit Bastelkle-ber auf.

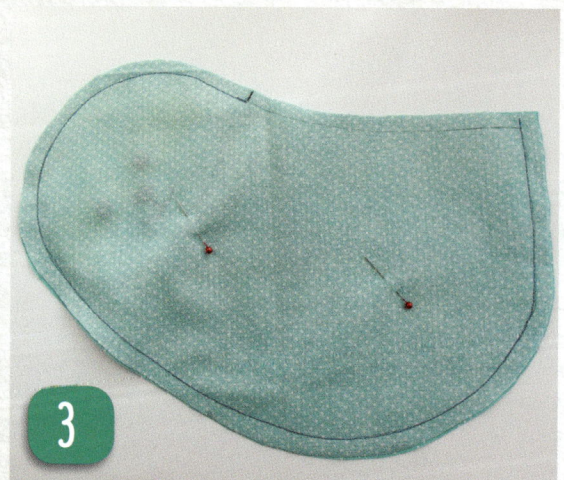

3

Lege die beiden Teile für den Körper rechts auf rechts. Fixiere sie mit Stecknadeln und nähe sie rundherum zusammen, dabei die Wendeöffnung auslassen. Knipse die Nahtzugaben an den Rundungen ein. Wende das Teil und fülle es mit Watte.

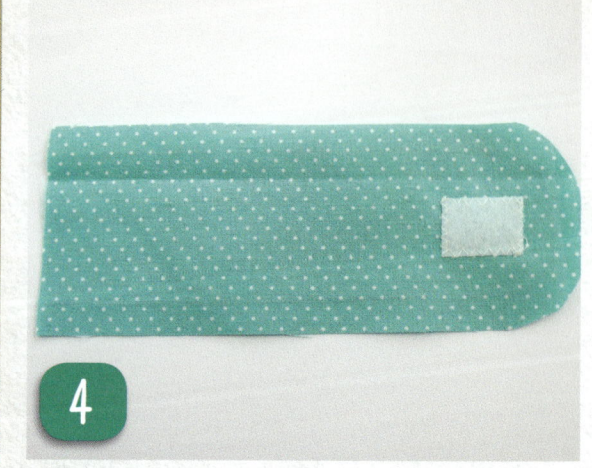

4

Schneide das Klettband in zwei 2,5 cm lange Stücke, trenne Flausch- und Hakenteile und fixiere sie jeweils mit Stecknadeln auf der rechten Stoffseite von vier Armteilen mit 1,5 cm Abstand zu den Kanten mit den runden Ecken. Nähe die Klettteile rundherum mit kleinen Zickzackstichen (Stichlänge 2 mm, Stichbreite 2 mm) fest.

Ich will chillen!

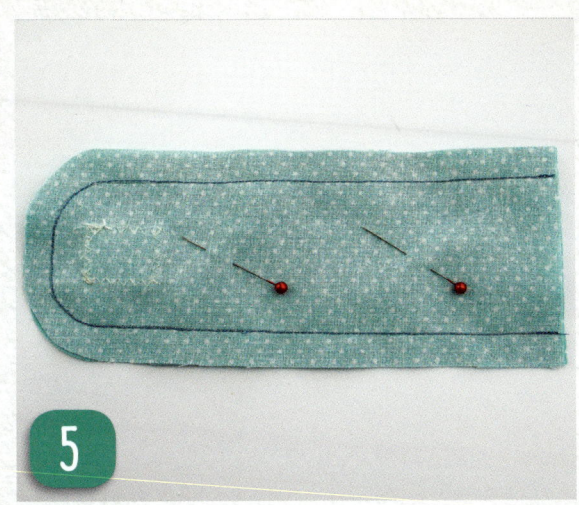

5

Lege jeweils ein Armteil mit Klett rechts auf rechts auf ein Armteil ohne Klett und fixiere die Teile mit Stecknadeln. Nähe die Stofflagen zusammen, lass dabei das untere gerade Stück als Wendeöffnung offen. Knipse die Nahtzugaben an den Kurven ein und wende die Arme.

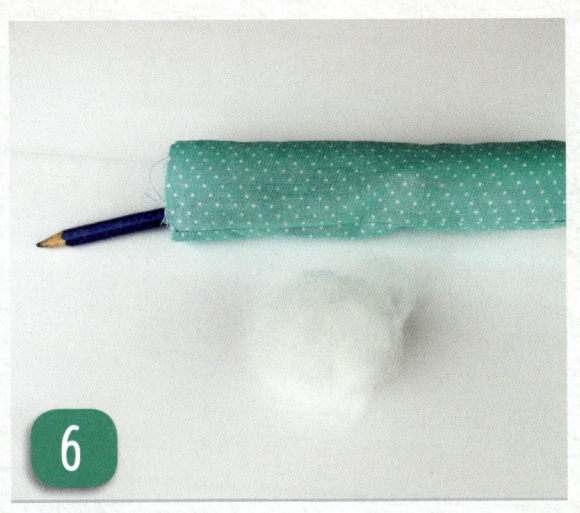

6

Fülle die Arme mit Watte, dazu immer kleine Stücke Watte nach und nach mit Hilfe eines Bleistiftendes bis in die Spitze schieben. An der Öffnung etwas weniger Watte einfüllen, damit du die Arme später gut an dem Faultier befestigen kannst.

7

Schiebe die vier Arme im Bereich der Wendeöffnung zwischen die Nahtzugaben. Dabei liegen sich immer zwei Arme mit verschiedenen Klettverschlussteilen gegenüber. Um sicherzugehen kannst du die Arme zusammenkletten. Fixiere die Stofflagen mit Stecknadeln.

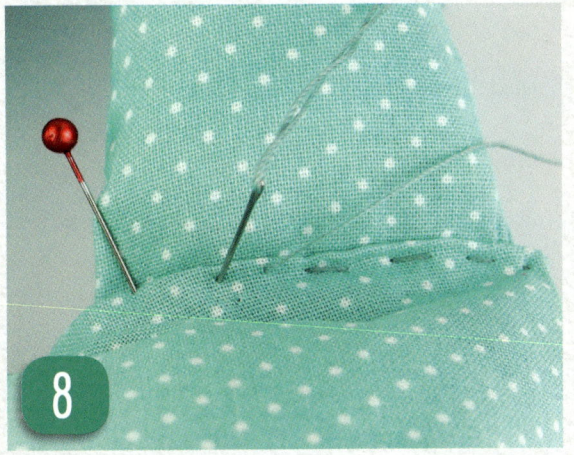

8

Nähe die Wendeöffnung von Hand mit Vorstichen zu, dabei nähst du die Arme mit fest. Damit alles gut hält, machst du am besten viele kleine Stiche.

Bequem für Buch und Leser

– SITZSACK FÜR BÜCHER –

MATERIAL

★ ★ ☆

Baumwollstoff in Hellgrün mit grünen Sternen, 34 cm x 55 cm ★ Füllwatte ★ farblich passendes Nähgarn

ZUSCHNEIDEN

Die Maße enthalten bereits 1 cm Nahtzugabe, schneide die Stoffteile daher ohne Nahtzugabe zu.

1

Falte den Stoff mittig rechts auf rechts, so dass die kurzen Kanten bündig aufeinanderliegen. Zeichne an der 34 cm langen offenen Kante im Abstand von 5 cm von einer Ecke eine Wendeöffnung an. An der anderen Ecke zeichnest du eine 10 cm lange Wendeöffnung auf der zur Hälfte gelegten Stoffkante an (siehe Foto).

2

Nähe die Stofflagen an den Kanten mit den Markierungen füßchenbreit mit geradem Stich (Stichlänge 2,5 mm) zusammen. Lass dabei die Wendeöffnungen aus.

3

Falte den Stoff an der noch offenen Kante so, dass die Naht mit der 5 cm langen Wendeöffnung senkrecht auf die Mitte der offenen Kante trifft. Falte die Nahtzugaben an der Wendeöffnung auseinander und fixiere sie mit Stecknadeln. Nähe die Stofflagen füßchenbreit zusammen.

4

Wende den Stoff durch die 10 cm lange Wendeöffnung. Lege den Stoff so auf die Arbeitsfläche, dass die zuletzt genähte Kante vor dir liegt. Zeichne mit Schneiderkreide zwei parallele Linien mit 4 cm und 6 cm Abstand zur Kante an.

5

Nähe die Stofflagen an beiden markierten Linien mit geradem Stich ab. Du hast einen 4 cm breiten und einen 2 cm breiten Tunnel genäht.

6

Fülle den 4 cm breiten Tunnel durch die Öffnung in der Mitte auf der Unterseite möglichst fest mit Füllwatte. Nimm dazu immer wenig Watte auf einmal und schiebe sie mit der stumpfen Seite eines Bleistifts hinein.

7

Fülle anschließend den großen Bereich der Buchstütze durch die 10 cm lange Wendeöffnung locker mit Füllwatte. Das „Kissen" sollte etwas nachgeben, wenn du ein Buch drauflegst.

8

Zum Schluss schließt du die Wendeöffnungen mit Matratzenstichen.

TIPP

Wie verwendest du den Sitzsack?

Der kleine Streifen zwischen den Wattebereichen wird nicht gefüllt. Darauf stellst du später dein Buch. Auf dem großen Kissen kann sich dein Buch gemütlich anlehnen, während der fest gefüllte Schlauch vorne verhindert, dass das senkrecht stehende Buch abrutscht. Anstelle eines Buchs kannst du den Sitzsack natürlich auch für ein Tablet verwenden.

Topflappen

– MIT PRAKTISCHEN EINGRIFFEN –

MATERIAL

★ ★ ☆

Für zwei Topflappen

Baumwollstoff in Rosa, 25 cm x 80 cm ★ Baumwollstoff in Pink-Rosa gepunktet, 25 cm x
80 cm ★ wärmeisolierendes Volumenvlies (z.B.
Vlieseline 272, Thermolam®), 20 cm x 90 cm ★
Zackenlitze in Beige, 1 cm breit, 50 cm lang ★
farblich passendes Nähgarn

Schnittmusterbogen 2

ZUSCHNEIDEN

Das Schnittmuster enthält bereits 1 cm Nahtzugabe, schneide die Stoff- und Vliesteile daher ohne Nahtzugabe zu. Übertrage alle Markierungen auf die Stoff- und Vliesteile.

Baumwollstoff in Rosa:
4x Topflappenteil

Baumwollstoff in Pink-Rosa gepunktet:
4x Topflappenteil

Vlieseline:
4x Topflappenteil

Zackenlitze
2x 12 cm

Du hast alle Teile zugeschnitten? Dann kann's jetzt losgehen!

1 Falte ein Vliesteil mittig entlang der Markierungslinie und schneide es in zwei gleich große Teile.

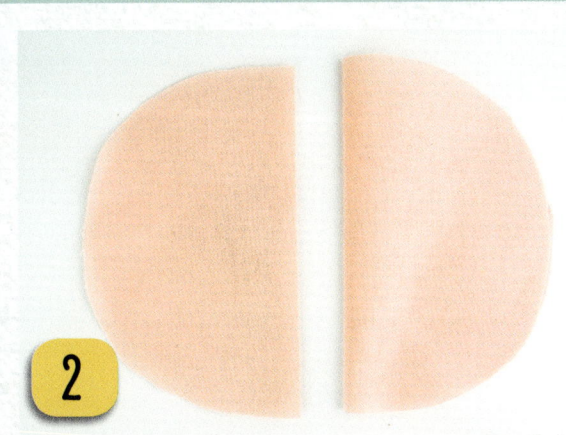

2 Falte zwei Stoffteile in Rosa mittig links auf links, so dass zwei Hälften der Topflappenform entstehen. Bügle die Umbruchkante.

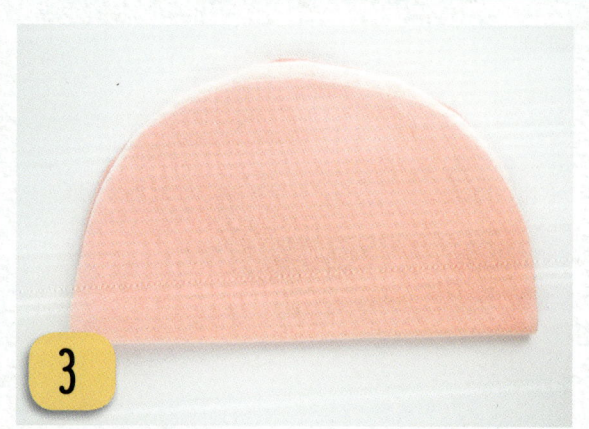

3

Schiebe bei jeder Topflappenhälfte ein halbes Vliesteil zwischen die Stofflagen.

4

Lege das große Vliesteil auf die Arbeitsfläche. Lege anschließend ein Topflappenteil in Pink-Rosa gepunktet mit der rechten Stoffseite nach oben bündig darauf.

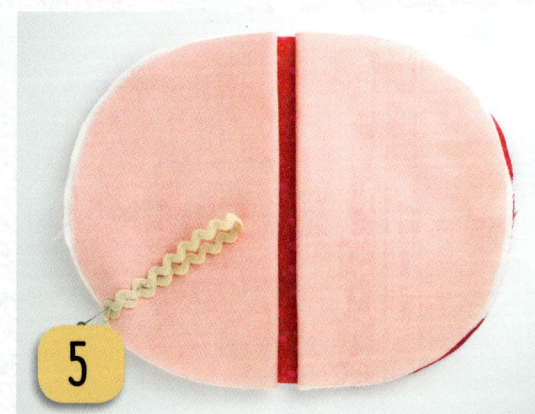

5

Die beiden rosafarbenen Topflappenhälften legst du bündig auf das pink-rosafarbene Topflappenteil. Falte die Zackenlitze zur Schlaufe und fixiere sie gemäß Markierung im Schnittmuster mit einer Stecknadel an einer Topflappenhälfte.

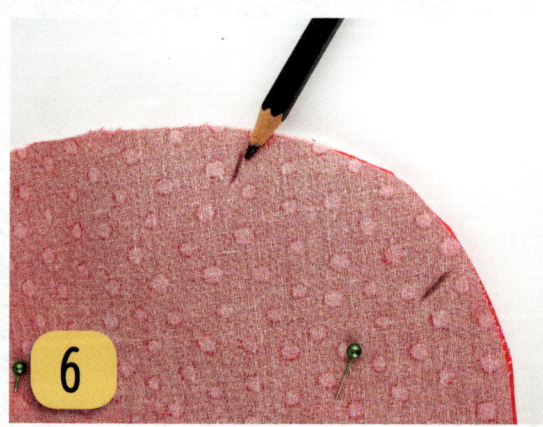

6

Zum Schluss legst du das zweite Teil in Pink-Rosa gepunktet rechts auf rechts auf die anderen Stofflagen und fixierst alles mit Stecknadeln. Zeichne an einer Seite mit Bleistift eine 8 cm lange Wendeöffnung ein.

7

Nähe alle Stofflagen rundherum füßchenbreit mit geradem Stich (Stichlänge 3,5 mm) zusammen, lass dabei die Wendeöffnung aus. Schneide die Nahtzugaben auf 5 mm zurück.

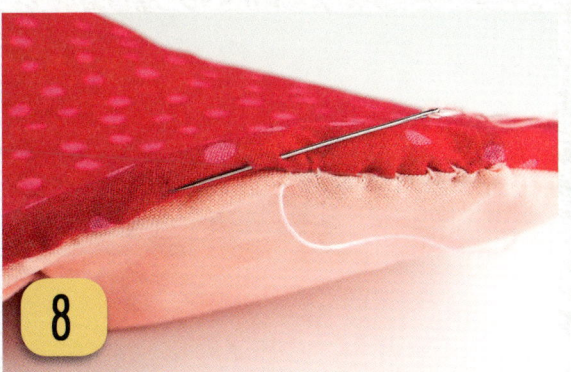

8

Wende den Topflappen durch die Wendeöffnung. Lege die Nahtzugaben an der Wendeöffnung nach innen und schließe die Öffnung mit Matratzenstichen. Wiederhole Schritt 1–8 für den zweiten Topflappen.

Aus flauschigem Teddyjersey

– WÄRMFLASCHENBEZUG –

Leg deine Wärmflasche zunächst auf die beiden Vorderteile des Schnittmusters für die große und die kleine Wärmflasche auf dem Schnittmusterbogen. Prüfe, ob ein Schnitt davon passt. Falls deine Wärmflasche eine andere Größe hat, kannst du dir selbst ein Schnittmuster herstellen (siehe Seite 100). Schneide alle Teile mit 1 cm Nahtzugabe zu. Das Herz aus Baumwollstoff für den großen Bezug wird in Schritt 1–2 zugeschnitten.

GROSSER WÄRMFLASCHENBEZUG

Teddyjersey:
1x Vorderteil
1x oberes Rückteil
1x unteres Rückteil

KLEINER WÄRMFLASCHENBEZUG
1x Vorderteil
1x oberes Rückteil
1x unteres Rückteil

1

Bügle für den großen Wärmflaschenbezug das Vliesofix® mit Hilfe eines Erwachsenen auf die linke Stoffseite des Baumwollstoffs. Übertrage mit Hilfe der Vorlage das Herz auf das Trägerpapier. Schneide das Herz aus und zieh das Trägerpapier ab.

2

Bügle das Herz mittig auf die rechte Seite des Vorderteils. Nähe es anschließend rundherum mit breiten Zickzackstichen (Stichlänge 2 mm, Stichbreite 3 mm) an.

Das Herz ist aufgenäht? Super, das war nicht leicht!

3

Klappe für den großen und den kleinen Bezug die Oberkante des unteren Rückteils erst 1 cm und dann noch mal 4 cm auf die linke Stoffseite. Am oberen Rückteil klappst du Unterkante und Oberkante 1 cm auf links. Fixiere die Umschläge mit Stecknadeln und nähe sie mit breiten Zickzackstichen (Stichlänge 3 mm, Stichbreite 4 mm) fest.

4

Falte die obere Kante des Vorderteils ebenfalls 1 cm auf links und nähe den Umschlag mit breiten Zickzackstichen fest.

5

Lege das Vorderteil mit der rechten Stoff-seite nach oben auf die Arbeitsfläche. Nun legst du zunächst das obere Rückteil bündig rechts auf rechts auf das Vorder-teil, anschließend das untere Rückteil. Fixiere die Lagen mit Stecknadeln und nähe die Stoffe an den Seiten und am Boden mit mittleren Jerseystichen zu-sammen. Knipse die Nahtzugaben an den Rundungen etwas ein. Wende den Bezug und schiebe die Wärmflasche durch die Öffnung auf der Rückseite hinein.

TIPP

Du kannst an dem Verschluss auch einen oder zwei Druckknöpfe anbringen, dann bleiben die Stoffe dort schön aufeinander liegen.

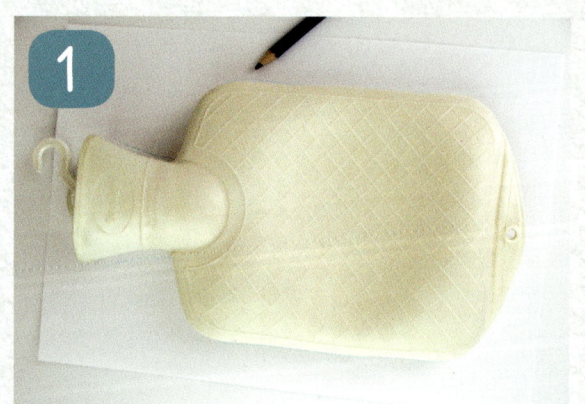

Hat deine Wärmflasche eine andere Größe als die der Schnittmuster, kannst du ein Schnittmuster selbst machen. Lege dazu die Wärmflasche auf ein Blatt Papier und umrande sie mit einem Bleistift. Das ist das Schnittmuster für das Vorderteil. Schneide das Schnittmuster aus.

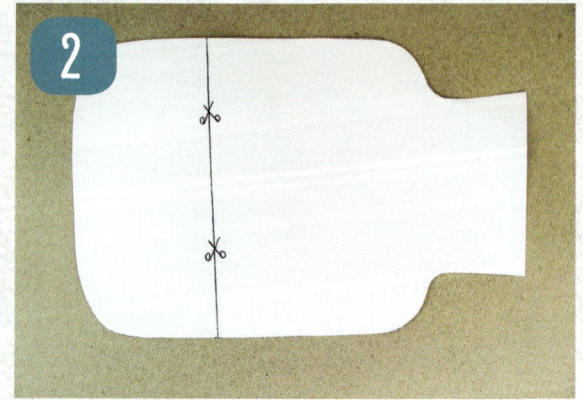

Für das rückwärtige Schnittmuster wiederholst du Schritt 1. Anschließend misst du die Länge des Schnittmusters und teilst das Maß durch drei. Die durch drei geteilte Länge misst du von der unteren Kante aus nach oben ab und zeichnest dort eine waagerechte Linie ein. Zerschneide das Schnittmuster entlang der Trennungslinie.

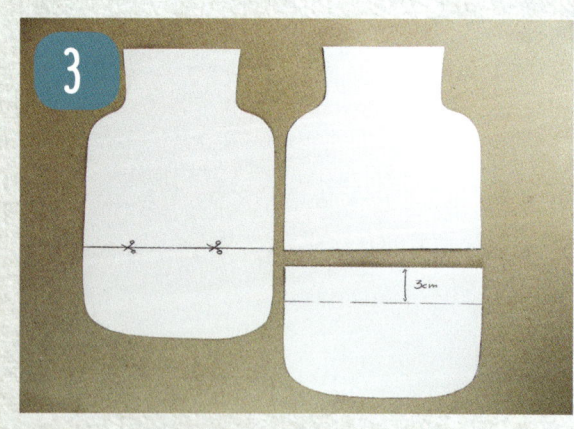

Lege das untere Rückteil auf ein Blatt Papier und umrande es erneut mit Bleistift, dabei zeichnest du die obere Kante jedoch im Abstand von 3 cm von der alten Oberkante ein. So erhältst du den Saumzuschlag für den Hotelverschluss. Schneide die Stoffteile anschließend nach der Zuschneideübersicht (siehe Seite 97) zu.

MATERIAL

★ ★ ★

Plüsch in Weiß, 20 cm x 45 cm ★ Baumwollstoff in Pink mit roten Punkten, 30 cm x 75 cm ★ Filz in Hellbraun und Pink, 1 mm stark, Reste ★ selbstklebendes Stickvlies (z. B. Solufix®), Rest ★ Füllwatte ★ farblich passendes Nähgarn ★ Nähgarn in Schwarz ★ 2 Halbperlen aus Plastik in Schwarz, ø 6 mm ★ Bastelkleber

Schnittmusterbogen 2

Schlüpft aus dem Ei
– ÜBERRASCHUNGSHASE –

HINWEIS

Solufix® ist ein selbstklebendes Stickvlies, das man nach dem Besticken mit etwas Wasser wieder auswaschen kann. Du kannst aber auch gewöhnliches Stickvlies verwenden, das du vor dem Besticken mit Stecknadeln auf dem Gesicht fixierst.

ZUSCHNEIDEN

Schneide alle Plüsch- und Baumwollstoffteile mit 1 cm Nahtzugabe zu. Übertrage alle Markierungen auf die Stoffteile. Die Rechtecke schneidest du ohne Nahtzugabe zu. Schneide auch die Filzteile ohne Nahtzugabe zu. Arme und Ohren werden in Schritt 3–4 zugeschnitten.

Baumwollstoff:
1x Körper
1x untere Ei-Hälfte im Stoffbruch
1x obere Ei-Hälfte im Stoffbruch
1x Rechteck, 15 cm x 25 cm

Plüsch:
1x Körper
1x Rechteck, 15 cm x 25 cm

Filz in Pink:
1x Nase

Filz in Hellbraun:
1x Schnauze

1 Lege die Schnauze im Kopfbereich auf die rechte Stoffseite des Körpers aus Plüsch. Platziere die Nase darauf und klebe die Teile mit Bastelkleber fest.

2 Klebe ein Stück Stickvlies über die Schnauze. Zeichne auf jeder Seite der Schnauze drei Barthaare auf das Stickvlies. Nähe die Barthaare mit dem Nähgarn in Schwarz mit geradem Stich (Stichlänge 2 mm) nach. Damit man sie später gut sieht, nähst du die Nähte am besten mehrmals vor und zurück. Anschließend wäschst du das Solufix mit etwas Wasser aus.

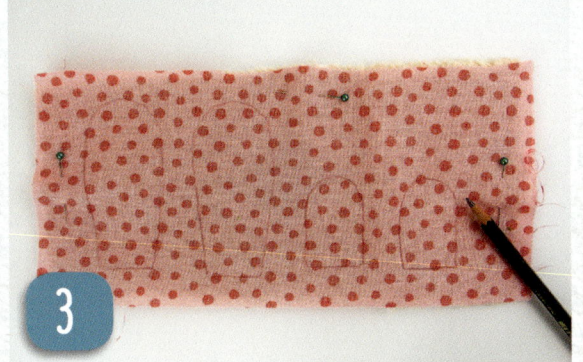

3 Lege die beiden Rechtecke aus Plüsch und Baumwollstoff rechts auf rechts und fixiere sie mit Stecknadeln. Übertrage die Vorlage für Arm und Ohr jeweils zweimal auf den Baumwollstoff. Achte dabei darauf, dass du genügend Abstand für die Nahtzugaben lässt.

4 Nähe Arme und Ohren entlang der Markierungen mit geradem Stich (Stichlänge 3 mm) nach, lass dabei die unteren, geraden Kanten als Wendeöffnungen aus. Schneide die Teile mit 1 cm Nahtzugabe aus. Knipse die Nahtzugaben an den Rundungen ein und wende anschließend alle Teile.

5

Lege Arme und Ohren entsprechend den Markierungen mit der Baumwollstoffseite rechts auf rechts auf den Körper aus Plüsch und fixiere sie mit Stecknadeln. Nähe die Teile innerhalb der Nahtzugabe mit 5 mm Abstand zur äußeren Kante fest.

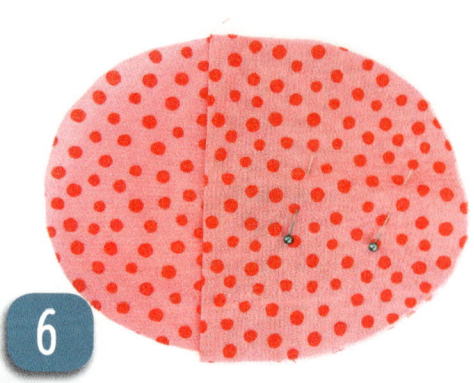

6

Falte die Teile für die beiden Ei-Hälften an der Stoffbruchkante links auf links und bügle die Umbruchkante. Lass dir dabei von einem Erwachsenen helfen. Stecke zunächst die obere Ei-Hälfte bündig rechts auf rechts auf den Körper aus Baumwollstoff.

7

Anschließend steckst du die untere Ei-Hälfte bündig rechts auf rechts auf den Körper. Die Ei-Hälften überlappen nun etwas.

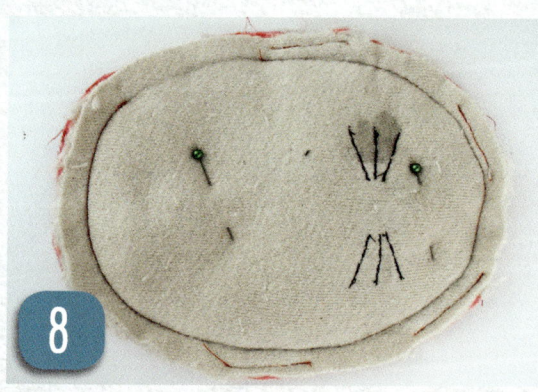

8

Lege nun beide Körperteile rechts auf rechts, die Ei-Hälften liegen dabei zwischen den Stofflagen, das Gesicht auf der oberen Ei-Hälfte. Nähe alle Lagen rundherum zusammen, lass dabei die Wendeöffnung aus.

9

Knipse die Nahtzugaben an den Rundungen und vorsichtig im Bereich der angenähten Ohren und Arme ein.

10

Wende den Hasen durch die Wendeöffnung und fülle ihn flach mit Watte. Nimm nicht zu viel Watte, sonst wird er kugelrund und verliert die Form.

11

Schiebe die Nahtzugaben an der Wendeöffnung nach innen und nähe die Öffnung mit kleinen Überwendlingsstichen zu.

12

Klebe zum Schluss die Augen auf und schon hast du einen süßen Freund für die Osterzeit!

TIPP

Der Hase ist auch ein tolles Geschenk für liebe Freunde. Überrasche sie damit, wie das Häschen aus dem Ei schlüpft!

Mit lässiger Knoten-Optik

- JERSEY-HAARBAND -

ZUSCHNEIDEN

Die Maße enthalten bereits 1 cm Nahtzugabe, schneide die Stoffteile daher ohne Nahtzugabe zu.

Jersey:
2x Streifen, 15 cm x 70 cm

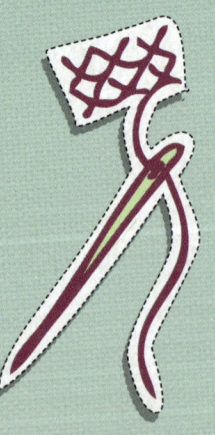

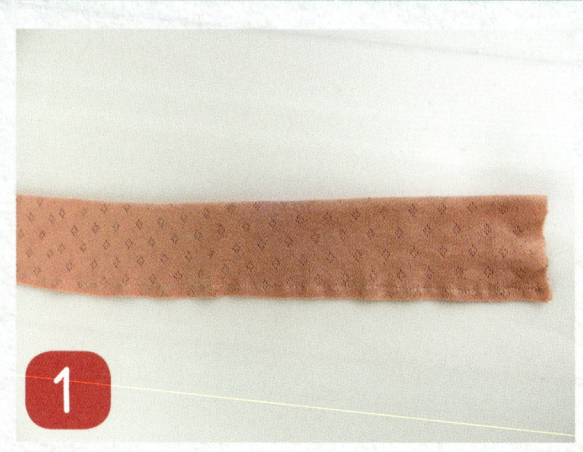

1

Falte die Jerseystreifen jeweils der Länge nach mittig rechts auf rechts. Fixiere die Lagen mit Stecknadeln und nähe sie an der langen Kante füßchenbreit mit mittleren Jerseystichen zusammen.

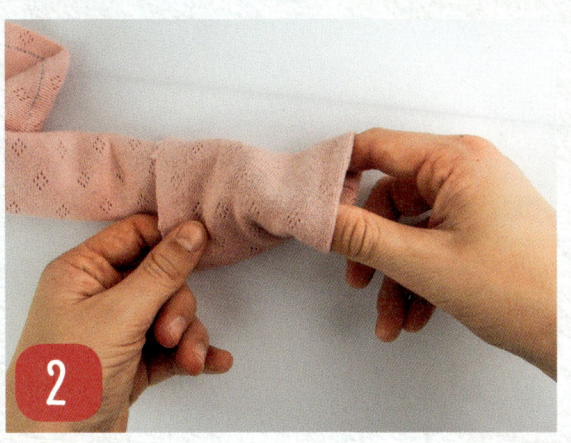

2

Wende die Stoffschläuche. Stülpe dazu jeweils ein Ende nach außen um und ziehe den Stoff aus dem Inneren des Schlauchs Stück für Stück nach außen.

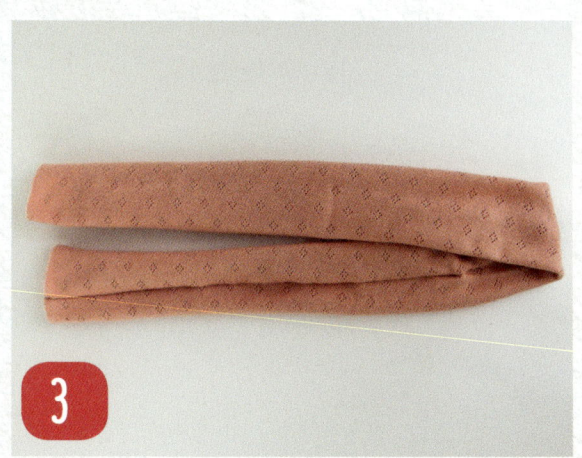

3

Falte beide Stoffschläuche mittig, so dass die Nähte innen liegen.

4

Schiebe einen Schlauch an der Umbruchkante durch den anderen Schlauch.

Wow, du kannst auch schon Jersey nähen!

5

Lege das Haarband um deinen Kopf, um zu sehen, welche Länge für dich passend ist. Lege anschließend alle vier Enden übereinander und schneide sie in der passenden Länge mit 1 cm Nahtzugabe gleichmäßig ab.

6

Falte die beiden Stoffschläuche wieder auseinander, so dass die offenen Enden des einen Schlauchs nach links, die Enden des anderen Schlauchs nach rechts zeigen.

7

Falte den linken Schlauch über den rechten Schlauch, lege dazu das obere Enden des linken Schlauchs auf das obere Ende des rechten Schlauchs; das untere Ende des linken Schlauchs legst du unter das untere Ende des rechten Schlauchs. Die Enden des rechten Schlauches liegen jetzt zwischen denen des ehemals linken Schlauchs. Nähe alle Lagen an den offenen Kanten füßchenbreit zusammen.

8

Wenn du jetzt die Schläuche wieder auseinanderfaltest, liegt die Naht innen zwischen zwei Stofflagen.

Für Kopfhörer oder Krimskrams

– RUNDES TÄSCHCHEN –

MATERIAL

★ ★ ☆

Baumwollstoff in Orange-Rot ge-punktet (Oberstoff), 20 cm x 30 cm ★ Baumwollstoff in Hellgelb (Futterstoff), 20 cm x 30 cm ★ dünne Vlieseinlage zum Aufbügeln (z. B. Vlieseline® H200), 20 cm x 30 cm ★ Baumwollband in Hellgelb, 1 cm breit, 10 cm lang ★ Reißverschluss in Orange, 10 cm lang ★ farblich passendes Nähgarn

Schnittmusterbogen 2

ZUSCHNEIDEN

Die Schnittmuster enthalten bereits 1 cm Nahtzugabe, schneide die Stoffteile daher ohne Nahtzugabe zu.

Baumwollstoff in Orange-Rot gepunktet:
2x Vorderteil
1x Rückteil

Baumwollstoff in Hellgelb:
2x Vorderteil
1x Rückteil

Vlieseinlage:
2x Vorderteil
1x Rückteil

1 Bügle die Teile aus Vlieseinlage auf die linken Stoffseiten des Futterstoffs in Hellgelb. Lass dir dabei von einem Erwachsenden helfen.

2 Lege ein Vorderteil aus Oberstoff mit der rechten Stoffseite nach oben auf die Arbeitsfläche. Lege den Reißverschluss mit dem Zipper nach unten bündig an die gerade Kante.

Prima, du kannst schon einen Reißverschluss einnähen!

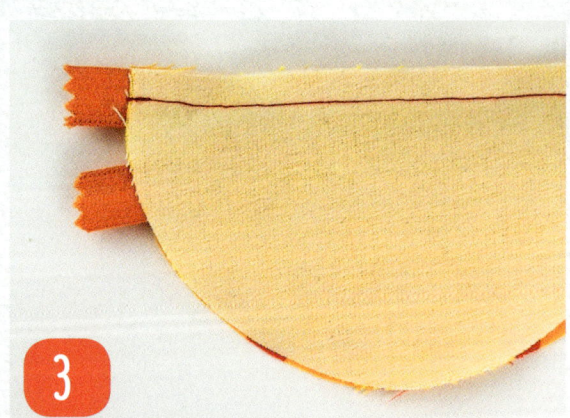

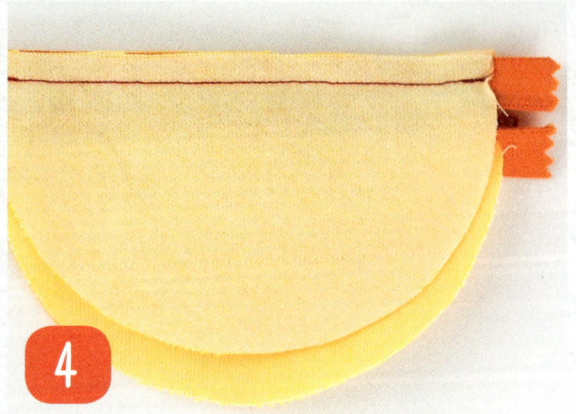

3

Lege ein Vorderteil aus Futterstoff rechts auf rechts bündig darauf und fixiere es mit Stecknadeln. Setze das Reißverschlussfüßchen in die Nähmaschine ein. Nähe alle Stofflagen und den Reißverschluss mit geradem Stich (Stichlänge 2,5 mm) an der geraden Kante zusammen.

4

Falte die Stoffe links auf links, so dass der Reißverschluss freiliegt. Wiederhole Schritt 2 und 3 mit den beiden anderen Vorderteilstoffen an der anderen Hälfte des Reißverschlusses.

5

Falte die Stoffe links auf links, so dass der Reißverschluss mittig liegt. Öffne den Reißverschluss.

6

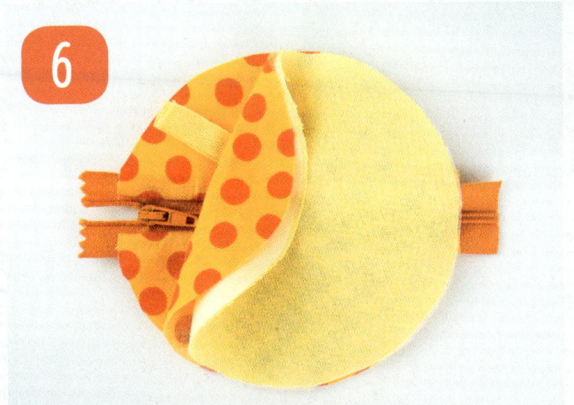

Falte das Band zur Schlaufe und lege es ca. 3 cm oberhalb des Reißverschluss-anfangs mit der Schlaufe nach innen zeigend bündig an die Taschenkante. Lege das Rückteil aus Oberstoff bündig rechts auf rechts darauf. Anschließend legst du das Rückteil aus Futterstoff links auf links darauf und fixierst alle Stofflagen mit Stecknadeln.

7

Nähe die Stoffe rundherum bei ganz geöffnetem Reißverschluss zusammen. Knipse die Nahtzugaben ein und ver-säubere sie mit breiten Zickzackstichen (Stichlänge 2,5 mm, Stichbreite 4 mm).

8

Jetzt kannst du dein Täschchen durch den geöffneten Reißverschluss wenden.

Brütet Schoko-Eier aus
- OSTERHÜHNCHEN -

ZUSCHNEIDEN

Die Maße des Baumwollstoffs enthalten bereits 1 cm Nahtzugabe. Schneide die Filzteile ohne Nahtzugabe zu.

Filz in Weiß:
2x Augenkreis

Filz in Schwarz:
2x Pupille

Filz in Gelb:
1x Schnabel

Filz in Rot:
1x Kamm

Filz in Fabe nach Wunsch:
2x äußeren Augenkreis mit Einkerbungen

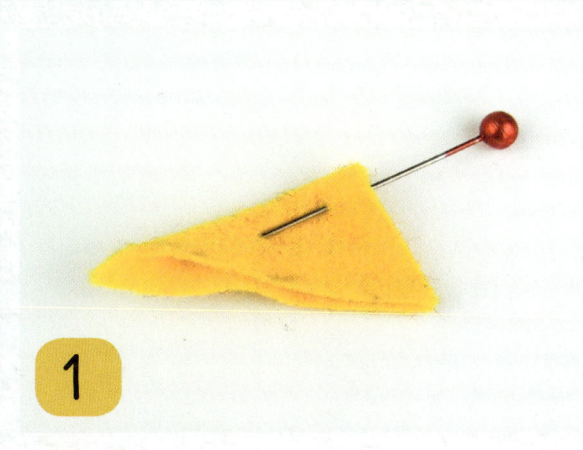

TIPP

Du hast Stoffreste in allen möglichen Farben und Mustern? Näh einfach noch ein paar mehr Hühner. Sie eignen sich besonders gut als Ostergeschenk!

1

Falte den Schnabel mittig und fixiere ihn mit einer Stecknadel.

2

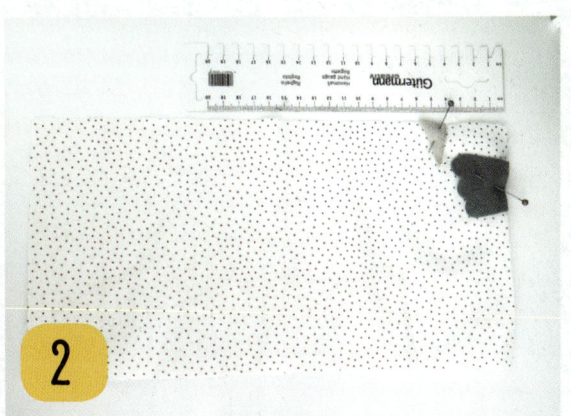

Lege den Baumwollstoff mit der rechten Stoffseite nach oben auf die Arbeitsfläche. Stecke an einer Ecke wie auf dem Foto abgebildet den Kamm und den mittig gefalteten Schnabel an zwei über Eck liegende Stoffkanten. Der Schnabel soll 4 cm und der Kamm 3 cm von der Ecke entfernt sein. Die offenen Kanten des Schnabels zeigen von der Ecke weg.

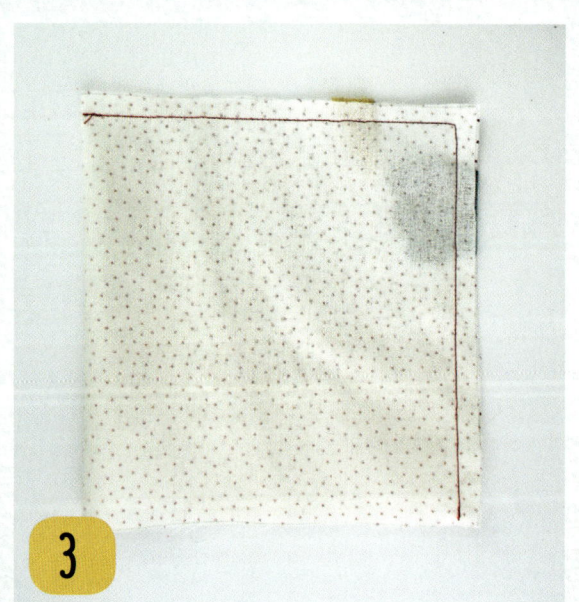

3

Falte den Stoff mittig rechts auf rechts, so dass die Filzteile innen liegen. Nähe die Kanten, an denen Kamm und Schnabel stecken, mit geradem Stich (Stichlänge 2,5 mm) zusammen. Die Nahtzugaben an der genähten Ecke schneidest du schräg bis kurz vor die Naht zurück.

4

Ziehe die Stofflagen auseinander und lege die Naht mit dem Kamm bündig so auf die noch offene, Kante, dass die Naht senkrecht auf deren Mitte trifft. Fixiere die Stofflagen mit Stecknadeln. Nähe die Kante von einer Ecke bis in die Mitte zusammen, die andere Hälfte lässt du als Wendeöffnung offen.

5

Zeichne an der gegenüberliegenden Spitze (nicht an der Spitze zwischen Kamm und Schnabel) mit Bleistift eine Linie mit 3 cm Abstand zur Spitze ein. Nähe die Spitze entlang der Markierung ab. Schneide anschließend die Nahtzugabe auf 1 cm zurück.

TIPP

Anstatt mit Reis kannst du das bunte Hühnchen auch mit einem Rest Füllwatte füllen.

6

Wende das Huhn und fülle es durch die Wendeöffnung etwa zur Hälfte mit Reis. Das klappt am besten zu zweit. Lege das Huhn vorsichtig, damit der Reis nicht herausrieselt, mit der Wendeöffnung unter das Nähfüßchen und nähe die Öffnung knappkantig zu.

7

Klebe zum Schluss alle Augenteile aus Filz auf.

Für kleine Geschenke
- KAROTTEN-TÄSCHCHEN -

MATERIAL

★ ★ ☆

Baumwollstoff in Orange-Gelb gepunktet, 20 cm x 35 cm ★ Baumwollstoff in Grün, 20 cm x 35 cm ★ Kordel in Grün, ø 3 mm, 60 cm lang ★ farblich passendes Nähgarn ★ Sicherheitsnadel

Schnittmusterbogen 2

ZUSCHNEIDEN

Die Schnittmuster enthalten bereits 1 cm Nahtzugabe, schneide die Teile daher ohne Nahtzugabe aus. Übertrage alle Markierungen auf die Stoffteile.

Baumwollstoff in Orange-Gelb gepunktet:
2x Karottenteil

Baumwollstoff in Grün:
2x Krautteil

Kordel:
2x 30 cm

1

Falte die Krautteile jeweils rechts auf rechts, so dass die 13 cm langen Kanten aufeinanderliegen. Knipse beide Lagen gemäß der Markierung im Schnittmuster ein.

2

Falte die Nahtzugaben im Bereich zwischen den langen offenen Kanten und den Knipsen auf links. Bügle die Krautteile. Lass dir dabei von einem Erwachsenen helfen.

3

Lege jeweils ein Krautteil mit den offenen Kanten rechts auf rechts auf die obere gerade Kante eines Karottenteils. Fixiere die Stofflagen mit Stecknadeln und nähe sie mit geradem Stich (Stichlänge 2,5 mm) füßchenbreit zusammen.

4

Versäubere an beiden zusammengenähten Teilen alle offenen Kanten mit breiten Zickzackstichen (Stichlänge 3 mm, Stichbreite 4 mm).

5

Lege die Stoffteile mit der rechten Stoffseite nach oben auf die Arbeitsfläche.
Zeichne mit Kreiderad oder Kreidestift
und Lineal eine Linie zwischen den Knipsen ein. Nähe die Lagen auf der Linie mit
geradem Stich zusammen; so entsteht ein
Tunnel für die Kordeln.

6

Lege beide Teile rechts auf rechts und
fixiere die Stofflagen mit Stecknadeln.
Nähe die Teile an den offenen Kanten
zusammen, lass dabei die Oberkante und
die beiden Bereiche, an denen du die
Nahtzugaben nach links gebügelt hast,
als Öffnungen für den Tunnelzug aus.

7

Schneide die Nahtzugaben an der genähten spitzen Ecke schmal zurück.

8

Befestige an einem Kordelende eine
Sicherheitsnadel. Schiebe die Sicherheitsnadel durch einen Stofftunnel und ziehe
sie durch den zweiten Tunnel zurück. Entferne die Sicherheitsnadel und verknote
die Kordelenden miteinander.

9

Wiederhole Schritt 8 mit der zweiten Kordel, dabei beginnst du jedoch auf der anderen Seite des Täschchens, so dass anschließend auf jeder Seite Kordelenden sind. Zum Schließen des Täschchens musst du jetzt nur noch an den Kordelenden ziehen.

Alles allzeit griffbereit!

– UTENSILO FÜR DIE BETTKANTE –

MATERIAL

Baumwollstoff in Blau, 140 cm breit, 55 cm ★ Baumwollstoff in Grün-Weiß gepunktet, 55 cm x 50 cm ★ dünne wattierte Vlieseinlage zum Aufbügeln (z. B. Vlieseline® H640) , 90 cm breit, 55 cm ★ farblich passendes Nähgarn

ZUSCHNEIDEN

Alle Maße enthalten bereits 1 cm Nahtzugabe, schneide die Stoffteile daher ohne Nahtzugabe zu.

Baumwollstoff in Blau:
1x Rechteck, 50 cm x 45 cm
1x Rechteck, 50 cm x 43 cm
2x Rechteck, 26 cm x 45 cm

Baumwollstoff in Grün-Weiß gepunktet:
1x Rechteck, 32 cm x 45 cm

Vlieseinlage:
1x Rechteck, 50 cm x 45 cm
1x Rechteck, 16 cm x 45 cm

1

Bügle das 16 cm x 45 cm große Stück Vlieseinlage bündig an einer 45 cm langen Kante auf die linke Stoffseite des grünen Stoffs; es bedeckt nur die Hälfte des Stoffteils (siehe Foto). Das größere Stück Vlieseinlage bügelst du auf die linke Stoffseite des gleich großen Stück blauen Stoffs. Lass dir dabei von einem Erwachsenen helfen.

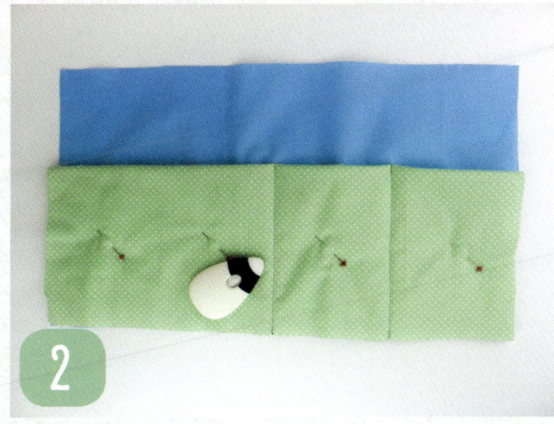

2

Falte den grünen Stoff mittig links auf links mit den 45 cm langen Kanten bündig aufeinander. Stecke den Stoff mit Stecknadeln rechts auf rechts auf ein 26 cm x 45 cm großes Stück blauen Stoffs; die offenen Kanten liegen bündig an einer 45 cm langen Kante. Zeichne auf dem grünen Stoff mit Kreidestift im Abstand von 23 cm und 13 cm von einer schmalen Kante Linien an. Nähe alle Stofflagen entlang der Linien mit geradem Stich (Stichlänge 2,5 mm) zusammen.

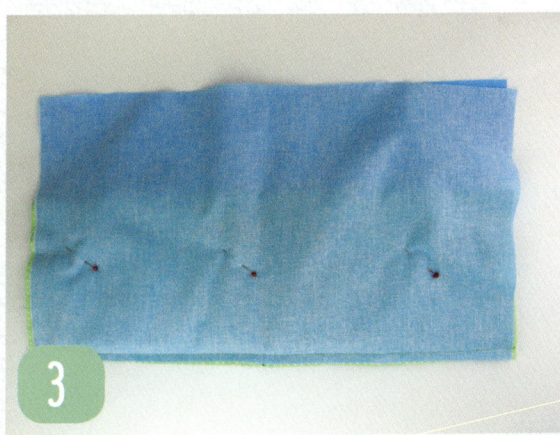

3

Lege das zweite 26 cm x 45 cm große blaue Stoffteil rechts auf rechts auf das Utensilo und fixiere es mit Stecknadeln. Nähe alle Stofflagen an der 45 cm langen Kante füßchenbreit zusammen.

4

Klappe den zuoberst liegenden Stoff auf, so dass alle rechten Stoffseiten obenauf liegen. Der grüne Stoff für die Außentaschen ist jetzt unten geschlossen.

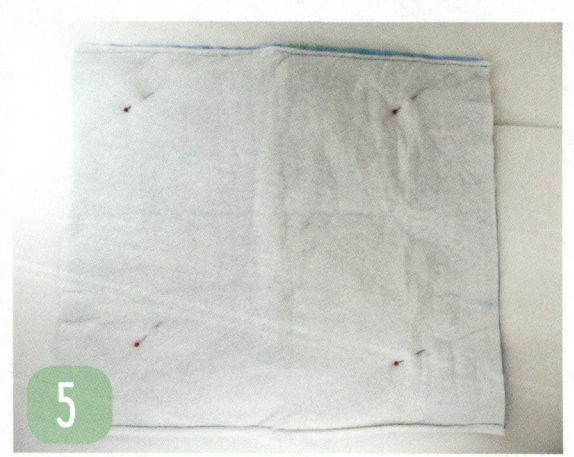

5

Lege das mit Vlies bebügelte, 50 cm x 45 cm große blaue Stoffstück rechts auf rechts auf die zusammengenähten Stoffe. Nähe alle Stofflagen an den beiden 50 cm langen Seitenkanten zusammen.

Das Utensilo am Bett befestigen

Um das Utensilo am Bett zu befestigen, hängst du es an der gewünschten Stelle mit den Taschen nach außen über den Bettrahmen. Die einlagige Stofflasche schiebst du hinter den Rahmen und klemmst ihn unter der Matratze fest. Durch den Druck der Matratze auf den Stoff wird das Utensilo gehalten.

6

Versäubere das 50 cm x 43 cm große Stoffteil rundherum mit Zickzackstichen (Stichlänge 3 mm, Stichbreite 4 mm).

7

Lege das versäuberte Teil mit einer 43 cm breiten Kante rechts auf rechts bündig an die obere offene Kante des Utensilos. Falte den versäuberten Stoff etwas zusammen, damit du im nächsten Schritt genügend Platz zum Falten des Utensilos hast.

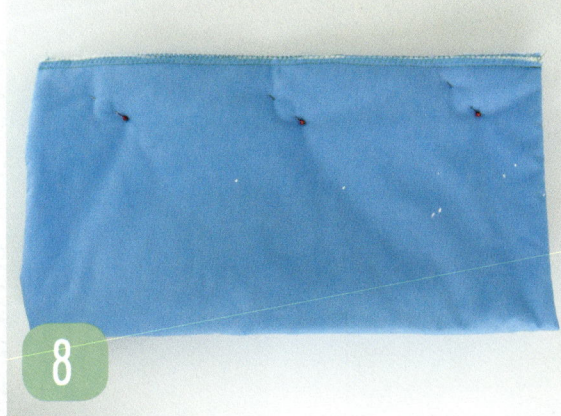

8

Falte die untere Kante des Utensilos rechts auf rechts nach oben, so dass die Taschen innen und alle offenen Kanten bündig liegen. Fixiere die Lagen mit Stecknadeln und nähe sie füßchenbreit zusammen. Versäubere anschließend die Nahtzugaben mit breiten Zickzackstichen (Stichlänge 3 mm, Stichbreite 4 mm breit).

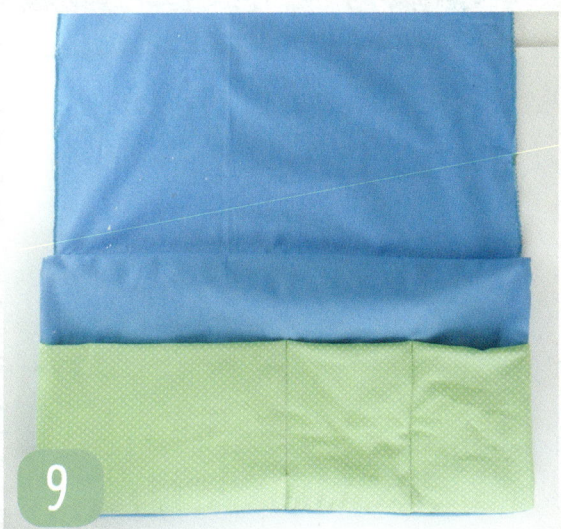

9

Wende das Utensilo, so dass die Taschen wieder außen liegen. Du kannst nun die Taschen befüllen aber auch etwas in dem Eingriff zwischen den blauen Stoffen aufbewahren.

Buchempfehlungen für Dich

ISBN 978-3-7724-7740-9

ISBN 978-3-7724-7831-4

ISBN 978-3-7724-7880-2

ISBN 978-3-7724-7954-0

ISBN 978-3-7724-7873-4

ISBN 978-3-7724-7830-7

ISBN 978-3-7724-7825-3

ISBN 978-3-7724-7829-1

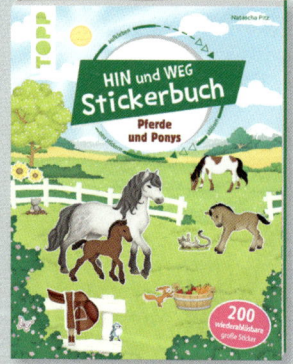

ISBN 978-3-7724-7843-7

ISBN 978-3-7724-7845-1

ISBN 978-3-7724-7884-0

ISBN 978-3-7724-7885-7

Kreativ-Bücher findest du auf www.TOPP-kreativ.de

Die Autorin

Schon im Alter von fünf Jahren hat Ina Andresen ihre erste Nähmaschine erhalten. Dieses Modell, das noch per Hand angetrieben wurde, hatte ihr Vater aus England mitgebracht. So nähte sie bereits in ganz jungen Jahren und machte gerne alles selbst. Das ist bis heute so geblieben. Ina Andresen hat in Hamburg Modedesign studiert und lebt mit ihrer Familie im Schwarzwald.

Dank

Danke an die Firmen Rayher Hobby GmbH (Laupheim), Gütermann GmbH (Gutach-Breisgau), Prym Consumer Europe GmbH (Stolberg), Hotex - Hollmann Textil GmbH (Cham), Union Knopf GmbH (Bielefeld), lillestoff GmbH (Langenhagen) und Westfalenstoffe AG (Münster) für die freundliche Unterstützung mit Materialien.
Herzlichen Dank für die gute Zusammenarbeit an Anna Burger, Christine Schlitt und Lisa Schmidt. Lieben Dank auch an Eva Klingler für die schönen Kinderfotos und die Kinder für das Mitmachen!

Impressum

Modelle: Ina Andresen
Fotos: frechverlag GmbH, 70499 Stuttgart; lichtpunkt, Michael Ruder, Stuttgart
Schrittbilder: Ina Andresen
Produktmanagement: Lisa Schmidt, Anna Burger
Lektorat: Christine Schlitt
Gestaltung: Tatjana Ströber
Druck und Bindung: DRUK-INTRO S.A., Polen

Auflösung

1 C	7 B	13 B
2 B	8 A	14 C
3 A	9 C	15 A, B
4 A, C	10 A	16 C
5 A	11 B	
6 B	12 C	

1. Auflage 2018
© 2018 frechverlag GmbH, Turbinenstraße 7, 70499 Stuttgart

ISBN 978-3-7724-7877-2
Best.-Nr. 7877

Weitere Ideen zum Selbermachen gesucht?

Lieblingsstücke von einfach bis einfach genial finden Sie bei TOPP! Lassen Sie sich auf unserer Verlagswebsite, per Newsletter oder in den sozialen Netzwerken von unserer Vielfalt inspirieren!

Website

Verlockend: Welcher Kreativratgeber soll es für Sie sein? Schauen Sie doch auf **www.TOPP-kreativ.de** vorbei & stöbern Sie durch die neusten Hits der Saison!

TOPP-Autoren

Sie wollen wissen, wer die „Macher" unserer Bücher sind? Wer Ihnen nützliche Tipps & Tricks gibt? Auf **www.TOPP-kreativ.de/Autor** warten jede Menge spannender Infos zum jeweiligen Autor auf Sie. Finden Sie heraus, welches Gesicht hinter Ihrem Lieblingsbuch steckt!

Facebook

Werden Sie Teil unserer Community & erhalten Sie brandaktuelle Informationen rund ums Handarbeiten auf **www.Facebook.com/Mitstrickzentrale** Wer sich für Basteln, Bauen, Verzieren & Dekorieren interessiert, ist auf **www.Facebook.com/Bastelzentrale** genau richtig!

Pinterest

Sie sind auf der Jagd nach den neusten Trends? Sie suchen die besten Kniffe? Die schönsten DIY-Ideen? All' das & noch vieles mehr gibt es von TOPP auf **www.Pinterest.com/Frechverlag**

Newsletter

Bunt, fröhlich & überraschend: Das ist der TOPP-Newsletter! Melden Sie sich unter: **www.TOPP-kreativ.de/Newsletter** an & wir halten Sie regelmäßig mit Tipps & Inspirationen über Ihr Lieblingshobby auf dem Laufenden!

Extras zum Download in der Digitalen Bibliothek

Viele unserer Bücher enthalten digitale Extras: Tutorial-Videos, Vorlagen zum Downloaden, Printables & vieles mehr. Dieses Buch auch? Dann schauen Sie im Impressum des Buches nach. Sofern ein Freischaltcode dort abgebildet ist, geben Sie diesen unter **www.TOPP-kreativ.de/DigiBib** ein. Nach erfolgreicher Registrierung erhalten Sie Zugang zur digitalen Bibliothek & können sofort loslegen.

YouTube

Sie wollen eine ganz neue Technik ausprobieren? Sie arbeiten an einem spannenden Projekt, aber wissen nicht weiter? Unsere Tutorials, Werbetrailer, Interviews & Making Of's auf **www.YouTube.com/Frechverlag** helfen Ihnen garantiert dabei, den passenden Ratgeber von TOPP zu finden.

Instagram

Sie sind auf Instagram unterwegs? Super, TOPP auch. Folgen Sie uns! Sie finden uns auf **www.Instagram.com/Frechverlag** Möchten Sie uns an Ihrem Lieblingsprojekt teilhaben lassen? Am besten posten Sie gleich ein Foto mit dem Hashtag **#frechverlag** & wir stellen Ihr Werk gerne unserer Community vor – yeah!

Alles in einer Hand gibt's hier:

Kreativ-Bücher findest du auf www.TOPP-kreativ.de